NÓS QUE AMÁVAMOS TANTO O CAPITAL

Roberto Schwarz, João Quartim de Moraes, Sofia Manzano, Emir Sader e José Arthur Giannotti durante o debate "Sobre os estudos d'*O capital* no Brasil", 22 de março de 2013. (Foto Ana Yumi Kajiki)

LEITURAS DE MARX NO BRASIL

NÓS QUE AMÁVAMOS TANTO O CAPITAL

EMIR SADER   JOÃO QUARTIM DE MORAES
JOSÉ ARTHUR GIANNOTTI   ROBERTO SCHWARZ

© Boitempo, 2017

Direção geral
Ivana Jinkings

Coordenação editorial
Bibiana Leme

Edição
Richard Sanches

Revisão
Beatriz de Freitas Moreira

Coordenação de produção
Livia Campos

Capa
Pianofuzz Studio

Diagramação
Eduardo Amaral

Equipe de apoio:
Allan Jones / Ana Yumi Kajiki / Artur Renzo / Eduardo Marques / Elaine Ramos /
Frederico Indiani / Isabella Marcatti / Ivam Oliveira / Kim Doria / Marlene Baptista /
Maurício Barbosa / Renato Soares / Thaís Barros / Tulio Candiotto

CIP-BRASIL. CATALOGAÇÃO-NA-FONTE
SINDICATO NACIONAL DOS EDITORES DE LIVROS, RJ.

N78'=xs33

Nós que amávamos tanto O Capital: leituras de Marx no Brasil / Roberto Schwarz
... [et al.]. -- 1. ed. -- São Paulo : Boitempo, 2017.

ISBN: 978-85-7559-550-3

1. Marx, Karl, 1818-1883. 2. Filosofia marxista. 3. Socialismo. 4. Comunismo.
5. Socialismo - Brasil. I. Schwarz, Roberto.

17-41210   CDD: 335.4

                                                                 CDU:330.85

É vedada a reprodução de qualquer
parte deste livro sem a expressa autorização da editora.

1ª edição: maio de 2017

BOITEMPO EDITORIAL
Jinkings Editores Associados Ltda.
Rua Pereira Leite, 373
05442-000 São Paulo SP
Tel./fax: (11) 3875-7250 / 3875-7285
editor@boitempoeditorial.com.br | www.boitempoeditorial.com.br
www.blogdaboitempo.com.br | www.facebook.com/boitempo
www.twitter.com/editoraboitempo | www.youtube.com/tvboitempo

Sumário

Nota da edição 6

Apresentação 7
  Sofia Manzano

Sobre a leitura de Marx no Brasil................................17
  Roberto Schwarz

Considerações sobre *O capital*................................27
  José Arthur Giannotti

Comunismo e marxismo no Brasil................................39
  João Quartim de Moraes

O capital, 150 anos depois................................53
  Emir Sader

Índice onomástico 63

Sobre os autores..79

Nota da edição

Em 2013, a Boitempo realizou, em parceria com o Sesc-SP e com apoio da Fundação Lauro Campos, da Fundação Rosa Luxemburgo, da Fundação Mauricio Grabois e do Programa de Pós-Graduação da FAU-USP, o seminário "Marx: A Criação Destruidora", que consistiu em três etapas: Etapa 1, de 5 a 8 de março, "De Hegel a Marx... e de volta a Hegel! – A tradição dialética em tempos de crise", curso de introdução à obra de Slavoj Žižek seguido de conferência do filósofo; Etapa 2, de 22 a 23 de março, "IV Seminário Internacional Margem Esquerda: Marx e *O capital*"; Etapa 3, de 7 a 15 de maio, "IV Curso Livre Marx-Engels", com curadoria de José Paulo Netto (publicado como livro pela Boitempo em 2015: *Curso livre Marx-Engels: a criação destruidora*, organização de José Paulo Netto).

O livro *Nós que amávamos tanto O Capital* apresenta a transcrição, com pequenas adaptações feitas pelos autores, do debate "Sobre os estudos d'*O capital* no Brasil", ocorrido no dia 22 de março, na Etapa 2 do seminário, por ordem de fala na data do evento: Roberto Schwarz, José Arthur Giannotti, João Quartim de Moraes e Emir Sader, com mediação de Sofia Manzano.

Mais informações sobre o evento em: https://marxcriacaodestruidora. wordpress.com.

A gravação de algumas mesas do seminário, bem como outros vídeos de debates, palestras e cursos promovidos pela editora, além de reflexões de nossos autores sobre temas diversos, está disponível em: www.youtube. com/tvboitempo.

Apresentação

É interessante notar como a popularidade da obra *O capital*, de Karl Marx, oscila significativamente desde sua publicação. No Brasil não é diferente. Se na década de 1990, com o desaparecimento da URSS, a debacle do socialismo nos países do Leste Europeu e a consolidação do neoliberalismo, decretou-se a morte do marxismo e o enterro de *O capital*, as crises – econômicas, sociais e políticas – do século XXI resgatam essa obra com toda a sua força e pujança. Não se tratava, então, do fim da História: o marxismo não estava morto e *O capital* continua a ser a contribuição teórica mais relevante para a compreensão do modo de produção capitalista, inclusive sob a acachapante dominância do capital financeiro, cujos fundamentos teóricos se encontram no Livro III[1] da obra de Marx.

---

[1] Karl Marx, *O capital: crítica da economia política*, Livro III: *O processo global da produção capitalista* (São Paulo, Boitempo, 2017).

8 Apresentação

Em 2013, a Boitempo promoveu o seminário internacional "Marx: A Criação Destruidora", que, em três etapas, incorporou o aprofundamento da obra de Slavoj Žižek, com a presença do autor; o IV Seminário Margem Esquerda; e o IV Curso Livre Marx-Engels, sob a curadoria do professor José Paulo Netto, que se diferenciou das três últimas edições pela consolidação da retomada de Marx (e Engels), com a publicação do Livro I[2] de *O capital* em tradução inédita.

Nesse conjunto de atividades, tive o prazer de mediar, como parte da programação do IV Seminário Margem Esquerda: Marx e *O capital*, o debate "Sobre os estudos d'*O capital* no Brasil", planejado para ter a presença de Emília Viotti da Costa, Emir Sader, João Quartim de Moraes, José Arthur Giannotti e Roberto Schwarz. Infelizmente, por problemas de saúde, Emília Viotti não pôde se fazer presente.

Entre 1958 e 1964, um grupo de jovens professores da Universidade de São Paulo (USP) e estudantes, impulsionados por José Arthur Giannotti, deu início à leitura da obra de Marx, no que ficou conhecido como Seminários Marx. O grupo inicial tinha como "núcleo duro", além do próprio Giannotti (filósofo), Fernando Novais (historiador), Fernando Henrique Cardoso e Octavio Ianni (sociólogos). O sucesso foi tal que os Seminários Marx se estenderam a uma segunda geração, até serem interrompidos pelo golpe burgo-militar de 1964 para serem retomados pouco depois. Assim, levando em conta também o segundo momento desse grupo de estudos, em

---

[2] Idem, *O capital: crítica da economia política*, Livro I: *O processo de produção do capital* (São Paulo, Boitempo, 2013).

depoimentos e entrevistas de seus integrantes[3] aparecem também como participantes Ruth Cardoso, Paul Singer, Roberto Schwarz, Bento Prado Jr., Michael Löwy, Emília Viotti da Costa, João Quartim de Moraes, Sebastião A. Cunha, Ruy Fausto, Juarez Lopes, Francisco Weffort, Gabriel Bolaffi, Emir Sader, Eder Sader, Maria Sylvia Carvalho Franco, Leôncio Martins Rodrigues, José de Souza Martins[4].

Para além da importância intelectual e política alcançada por esses acadêmicos em sua vida – o que por si só já mereceria atenção –, qual seria a relevância desse grupo e dos seminários para se tornarem objeto de tantos estudos, dissertações e teses? Vale dizer: o que representaram os Seminários Marx na formação intelectual e acadêmica da universidade e da cultura brasileiras?

Antes de tudo, vale destacar que o grupo se propôs a estudar disciplinada e metodicamente *O capital* mesmo antes de essa prática ter sido amplamente popularizada a partir dos encontros para leitura de *O capital* organizados por Louis

---

[3] Fernando Novais, "Entrevista", em José Geraldo Vince de Moraes e José Marcio Rego, *Conversa com historiadores brasileiros* (São Paulo, Editora 34, 2002). Roberto Schwarz, "Um seminário de Marx", *Novos Estudos*, São Paulo, n. 50, mar. 1998. Guido Mantega, "Marxismo na economia brasileira", em João Quartim de Moraes (org.), *História do marxismo no Brasil. Os influxos teóricos*, v. 2 (Campinas, Editora da Unicamp, 2007).

[4] Para um estudo mais abrangente dos participantes dos Seminários Marx, os mais atuantes, aqueles que estiveram de passagem e posteriores repercussões, ver Lidiane Soares Rodrigues, *A produção social do marxismo universitário em São Paulo: mestres, discípulos e "um seminário" (1958-1978)* (Tese de Doutorado, Departamento de História, FFLCH-USP, 2011).

10 Apresentação

Althusser[5], na França. Aqui entre nós, o estudo da obra de Marx não encontrava espaço na universidade, e as edições disponíveis eram importadas, pois não havia tradução em português[6]. Além dessas edições, em francês, inglês, alemão ou russo, o acesso a textos marxistas era viabilizado pelas diferentes editoras do Partido Comunista Brasileiro (PCB), principalmente a Editora Vitória. No entanto, os textos, também muitas vezes traduzidos de diferentes idiomas que não o original, eram fragmentados e serviam muito mais aos interesses de divulgação do partido que aos interesses acadêmicos.

O próprio marxismo, no Brasil, até o final dos anos 1950, era praticamente um monopólio do PCB, que, com um grande aparato de imprensa e divulgação, bem como uma ascendência sobre a intelectualidade progressista, congregava os debates em torno das contribuições teóricas nessa área. Contudo, como a consolidação do partido e sua arrancada como polo crítico do capitalismo brasileiro se deram fundamentalmente a partir dos anos 1930, além de ter sofrido intensa perseguição política em quase toda a sua existência, o marxismo oficial que se difundia por aqui já estava marcado profundamente pelo stalinismo e pelos interesses da URSS e da Terceira Internacional em manter em sua órbita os partidos comunistas de todo o mundo, de acordo com a tese política do socialismo em um só país.

---

[5] Essas jornadas de estudos foram organizadas coletivamente por Louis Althusser, Étiene Balibar, Yves Duroux e Jacques Rancière no salão de atos da Escola Superior Normal entre 1964 e 1965 e resultaram no livro *Lire Le Capital*.

[6] A primeira tradução para o português, feita a partir da edição francesa, surgiu em 1973, em Portugal. No Brasil, a primeira tradução é assinada por Reginaldo Sant'Anna, e foi editada por Ênio da Silveira em 1968.

Esse período da história dos comunistas brasileiros, até a reviravolta provocada pelas denúncias dos "crimes" do stalinismo ocorridas no XX Congresso do Partido Comunista da União Soviética (PCUS), provocou graves distorções tanto na leitura dos clássicos do marxismo quanto nas análises da realidade brasileira promovidas por diversos intelectuais da esquerda em suas interpretações da formação social brasileira. Leandro Konder esmiuçou, em sua obra *A derrota da dialética*[7], os impactos negativos que teve na sociedade brasileira esse alinhamento acrítico ao chamado "marxismo-leninismo", moldado como validação para a difusão do pensamento crítico.

Deve-se lembrar, também, que o país esteve submetido a regimes autoritários ditatoriais que empregavam forte perseguição ideológica, algo que se dava mesmo nos curtos intervalos de liberdades democráticas, o que impedia a livre circulação de ideias e o enriquecimento do debate cultural inclusive nas universidades. Mas a simplificação formal e positivista do arcabouço teórico de Marx, Engels e Lenin em dogmas esquemáticos de análise, com vistas a legitimar a práxis política, dificultou uma abertura mais criativa para os intelectuais brasileiros criarem um arcabouço analítico mais acurado. Mesmo assim, e apesar de todos esses revezes, desde os anos 1930 inúmeros intelectuais se debruçaram sobre a realidade brasileira para conceber diversas interpretações sobre ela. Esse rico movimento também se desenvolvia no interior do PCB com debates que tinham a colaboração de pensadores como Astrogildo Pereira, Octávio Brandão,

---

[7] Leandro Konder, *A derrota da dialética. A recepção das ideias de Marx no Brasil até o começo dos anos 1930* (Rio de Janeiro, Campus, 1988).

Alberto Passos Guimarães, Nelson Werneck Sodré, Caio Prado Jr., Rui Facó, entre muitos outros[8].

Emília Viotti destaca que "Não se pode dizer que existisse naquela época no Brasil uma ortodoxia doutrinária hegemônica entre marxistas, pois havia uma grande diversidade nas leituras do marxismo. Isso fica evidente quando comparamos, por exemplo, os livros de Jacob Gorender, Caio Prado [Jr.], Leôncio Basbaum e Nelson Werneck Sodré, para mencionar apenas alguns dos mais conhecidos"[9].

Enquanto os intelectuais que se debruçavam sobre a realidade brasileira encontravam-se na órbita do PCB ou em organizações como o Instituto Superior de Estudos Brasileiros (Iseb), na universidade o marxismo era muito pouco debatido e estudado. A história da universidade brasileira mostra como esse espaço da ciência e do conhecimento funcionou como verdadeiro aparelho ideológico da classe dominante e sempre foi muito hermético ao pensamento crítico. Na USP, mais especificamente na Faculdade de Filosofia, Florestan Fernandes foi um incansável lutador na batalha das ideias.

Em 1946, Florestan traduziu a *Contribuição à crítica da economia política*. Mais do que apresentar ao público brasileiro essa importante obra, sua atuação na Faculdade de Filosofia da USP foi fundamental para tornar os estudos acadêmicos, principalmente no campo da sociologia, verdadeiros estudos científicos. Como afirma Octavio Ianni, "Florestan Fernandes é o fundador da sociologia crítica

---

[8] Luiz Bernardo Pericás e Lincoln Secco (orgs.), *Intérpretes do Brasil. Clássicos, rebeldes e renegados* (São Paulo, Boitempo, 2014).

[9] Emília Viotti da Costa, "Entrevista", em José Geraldo Vince de Moraes e José Marcio Rego, *Conversa com historiadores brasileiros*, cit., p. 80.

no Brasil"[10] e, como tal, fez escola. Sua compreensão do papel do cientista social e o rigor com que comandava suas pesquisas estão relacionados com a concepção que tinha da sociologia enquanto ciência. Dois dos primeiros participantes dos Seminários Marx eram orientandos de Florestan. Mesmo que este não tenha sido convidado a participar dos encontros, acreditamos que a necessidade imposta pelo rigoroso mestre marxista tenha impulsionado a criação do grupo de estudos.

A formação dos integrantes era bem diversa, o que favorecia, como pretendido, a riqueza multidisciplinar das leituras de Marx. E o que unificava o grupo, ao menos em um primeiro momento, era a pesquisa científica no processo de construção de suas teses – a maioria delas sob a batuta instigante de Florestan Fernandes, uma vez que vários dos participantes eram orientados, formal ou informalmente, por ele, que encarava o trabalho acadêmico como um trabalho produtivo, com seus métodos, divisão do trabalho e disciplina. Dessa forma nascia o "marxismo universitário" e consolidava-se o *marxismo uspiano*[11].

Dos pesquisadores que, durante os Seminários Marx, passaram pelas seções quinzenais das leituras de *O capital* – e outros textos, não só de Marx como também de autores marxistas – vieram trabalhos acadêmicos extremamente relevantes para a compreensão da realidade econômica, social, política e cultural do Brasil. Nesse quesito, a resultante dialética da conversão da quantidade em qualidade se fez presente.

---

[10] Octavio Ianni, "Introdução", em *Florestan Fernandes* (São Paulo, Ática, 1986, Coleção Grandes Cientistas Sociais).

[11] Bernardo Ricupero, *Caio Prado Jr. e a nacionalização do marxismo no Brasil* (São Paulo, Editora 34, 2000), p. 105.

14 Apresentação

Neste livro que ora apresentamos, quatro participantes dos Seminários Marx expõem muito mais que seus depoimentos sobre aquela experiência, sobre os impactos que ela teve em sua carreira: trazem para o debate atual o significado que tais estudos tiveram para a compreensão científica de realidades brasileiras que desenvolveram em seus trabalhos futuros.

Roberto Schwarz, crítico literário e professor de teoria literária, notabilizou-se pela crítica dialética da literatura: "se não for preciso adivinhar, pesquisar, construir, recusar aparências, consubstanciar intuições difíceis, a crítica não é crítica. Para a crítica dialética, o trabalho da figuração literária é um modo substantivo de pensamento, uma via *sui generis* de pesquisa que aspira à consistência e tem exigência máxima"[12]. Aqui, o professor traz em seu depoimento a configuração e a importância dos seminários para a consolidação do marxismo na academia brasileira, bem como as rupturas que ele implicou. Sobretudo, procura diferenciar e ressaltar o ineditismo da leitura não política da obra de Marx, no sentido de compreendê-la como teoria do conhecimento que legou excelentes trabalhos acadêmicos.

O filósofo José Arthur Giannotti já era professor da Faculdade de Filosofia da USP e foi um dos impulsionadores da formação do seminário. Ele retornara da França havia pouco, onde estagiara sob a orientação de Gilles-Gaston Granger. Para Giannotti, estudioso da lógica e da filosofia da ciência que se tornou um crítico de Marx, lê-lo "era assimilar um clássico entre outros", como afirma Roberto Schwarz[13]. Além de enaltecer os capítulos históricos memoráveis da

---

[12] Roberto Schwarz, "Entrevista", *Pesquisa Fapesp*, n. 96, abr. 2004, p. 15.

[13] Ibidem, p. 14.

obra marxiana, Giannotti apresenta uma parte considerável das mais diversas "leituras" que se pode fazer de *O capital*, fundamentalmente do primeiro capítulo, ao qual ele se refere para ressaltar a influência hegeliana na construção do conceito de valor como substância.

João Quartim de Moraes é comunista e filósofo, professor da Unicamp com aguerrida militância, tanto política quanto acadêmica. Em seu depoimento sobre os Seminários Marx, resgata o papel político dos comunistas, detentores do marxismo chamado de "vulgar" pelos membros do grupo de estudos. Destaca ainda a polêmica em torno de duas interpretações do Brasil, a partir da leitura de Marx, que se formou com as obras de Caio Prado Jr. e Nelson Werneck Sodré. E vai além: ressalta a diferença entre a apropriação de uma obra como *O capital* por acadêmicos e por militantes. Como filósofo atuante, com pesquisas sobre o aleatório, o acaso e o materialismo, Quartim polemiza não apenas com as posições de Giannotti nesse rico debate, mas com a corrente marxista que defende a categoria trabalho como fundante do ser social, especificamente a ontologia marxista, que ele considera uma corrente metafísica do marxismo.

Emir Sader é professor da Universidade do Estado do Rio de Janeiro, no programa de Políticas Públicas. Paralelamente a seu trabalho acadêmico, teve forte participação política, principalmente durante os governos do Partido dos Trabalhadores (PT), momento em que imprimiu sua militância. Resgata, nesse debate, a importância de Marx para a compreensão do momento conjuntural, do avanço do neoliberalismo como forma particular da acumulação do capital com dominância da esfera financeira. Ao destacar essa característica atual do capital, com a "ritualização" com que o neoliberalismo transforma tudo em mercadoria, podemos dizer que, nesse último texto, *O capital* se completa, pois liga o capítulo 1 do Livro I, "A mercadoria", ao Livro III, que trata do capital na esfera financeira.

Quatro estudiosos de *O capital*, participantes dos Seminários Marx, cujas trajetórias se distanciaram não pela excelência acadêmica, presente em todos eles, mas pela atuação e pelas escolhas políticas, deixam aqui suas contribuições, perspectivas de luta e de futuro. Muitos outros participantes dos seminários, com gloriosas carreiras acadêmicas, dedicaram a vida à luta emancipatória, vários deles ainda na ativa.

A grande maioria dos participantes dos Seminários Marx atuou, e ainda atua, na luta política. Alguns ao lado da classe dominante; vários ao lado da classe trabalhadora. A leitura metódica, organizada e sistemática de *O capital*, mesmo com o espírito acadêmico que motivou o grupo, não os deixou de fora do marxismo como práxis política. Hoje, com a crise e as perspectivas de avanço do capital sobre a classe trabalhadora, a luta é mais do que necessária, é vital, e a leitura dos clássicos pensadores que se dedicaram a refletir sobre a luta de classes, e principalmente de Marx, não pode ser substituída por rápidas informações das mídias sociais. O grande ganho que esse tipo de estudo dedicado propicia é a possibilidade de uma visão crítica da história. Por isso o exemplo desses intelectuais deve ser seguido com seriedade por aqueles que se engajam na luta emancipatória da humanidade.

Vitória da Conquista, março de 2017

SOFIA MANZANO
Economista, professora da Universidade Estadual do Sudoeste da Bahia (Uesb), autora do livro *Economia política para trabalhadores* (São Paulo, ICP, 2013).

Sobre a leitura de Marx no Brasil

ROBERTO SCHWARZ

É uma alegria ver este auditório apinhado de gente interessada na obra de Marx. Pode ser que eu me engane, mas acho que é um público numeroso demais para um pensador *ultrapassado* – como gostam de dizer –, que volta e meia é declarado morto. Por algum motivo, que cabe a vocês e à sua geração explicar, Marx continua dizendo algo a nosso tempo.

Quero, com este depoimento, apresentar a vocês a fórmula que um grupo de jovens professores inventou, em 1958, na Universidade de São Paulo (USP), para estudar *O capital*. A fórmula era boa, tanto que pegou. Poucos anos depois, às vésperas do golpe de 1964, ela foi retomada por um grupo da geração seguinte, que iria estudar *O capital* já no âmbito da resistência à ditadura. Daí em diante, os seminários de leitura se multiplicaram e viraram uma pequena moda, à qual aderiram até secundaristas.

O seminário inicial foi uma tentativa – aliás, muito bem-sucedida – de introduzir a obra de Marx no debate acadêmico, no qual ela não costumava aparecer. Com os

18   Sobre a leitura de Marx no Brasil

conhecimentos adquiridos nas discussões do grupo, os professores passaram a dar aulas sobre o assunto, escrever artigos, intervir no debate, o que fez que em pouco tempo o ponto de vista marxista tivesse uma presença forte nas ciências humanas e na filosofia, modificando o clima teórico na universidade. Digamos que se tratou de uma intervenção que ambicionava arrancar à vida acadêmica certo marasmo político e puxá-la para a esquerda. Os membros constantes das reuniões eram José Arthur Giannotti, Paul Singer, Ruth e Fernando Henrique Cardoso – o que pode surpreender alguns –, Octavio Ianni, Fernando Novais e também alguns alunos penetras, entre os quais eu.

O segundo seminário – o chamado "Seminário II" – pertencia a um momento histórico diferente. Sob a pressão de 1964, o grupo de estudos acabou entrando para a luta social de maneira mais direta. Também aqui se estudava *O capital* em detalhe, mas o espírito era mais ativista, ou menos especulativo. Um de seus melhores resultados foi a revista *Teoria e Prática**, uma publicação cultural-política muito combativa, de ótimo nível, que a polícia fechou ainda no número 4. Com a aproximação do desfecho de 1968, boa parte do grupo foi se ligando, de uma forma ou de outra, à resistência armada. Em retrospecto, como tive a sorte de participar dos dois seminários, aos quais devo muito, digo com sabedoria salomônica que em ambos se elaboraram posições de interesse considerável, e que o melhor é preferir os dois. Os membros do segundo grupo eram os aqui presentes Emília Viotti da Costa, João Quartim de Moraes, Emir Sader e eu mesmo, além de Sérgio

---

*   Revista lançada em 1968 cujo corpo editorial contou com Roberto Schwarz, João Quartim de Moraes, Eder Sader e Ruy Fausto, entre outros. (N. E.)

Ferro, Marilena Chaui, Maria Sylvia de Carvalho Franco, Albertina Oliveira Costa e Claudio Vouga, Célia e José Francisco Quirino dos Santos, Betty Milan, Lourdes Sola e Ruy Fausto.

Dito isso, é claro que a leitura de Marx no Brasil não começou com os seminários. Desde os anos 1920 e 1930, algum grau de conhecimento da crítica marxista ao capitalismo, e também do bê-á-bá materialista, estava se tornando parte da cultura geral das pessoas esclarecidas. Vários dos maiores escritores do período, como Oswald e Mário de Andrade, Graciliano Ramos e Carlos Drummond de Andrade, se interessaram pelas ideias de esquerda. Entre parênteses, não custa notar que algo parecido estava acontecendo com as teorias de Freud sobre a sexualidade, igualmente escandalosas, que também questionavam as posições burguesas convencionais, e da mesma forma circulavam numa versão para leigos, para não especialistas, como uma espécie de fermento cultural moderno. Outro fator poderoso de divulgação das posições de Marx foi a extraordinária resistência da União Soviética à invasão nazista durante os anos 1940, resistência que assombrou o mundo e angariou muita simpatia socializante entre as classes educadas, leitoras de jornal e antifascistas. E enfim, para completar esse panorama inicial, havia o marxismo artigo de fé dos militantes comunistas, alimentado pela leitura de panfletos, documentos partidários e manuais concebidos na Europa, em cuja elaboração a experiência histórica local pouco entrava.

Tomando distância e olhando o conjunto, tratava-se de uma atmosfera esquerdizante difusa, valiosa para a política e a cultura progressistas, embora pouco adaptada às realidades sociais do Brasil, com sua configuração de ex-colônia, muito diferente do modelo europeu. A aclimatação de uma teoria econômico-social-política e filosófica gerada do outro lado do mundo não podia mesmo ser um processo simples, nem rápido. Ainda nesse sentido, era grande a distância que separava a atmosfera intelectual brasileira do universo teórico de exigência máxima em que se movia o pensamento de Marx, com seus pressupostos de vanguarda, ligados ao que havia de mais avançado na realidade e na cultura do tempo. Por ironia da história, a acumulação intelectual necessária para acompanhar entre nós a riqueza dos escritos marxistas só iria se completar mais adiante, já num momento pouco propício, de vitória avassaladora do capital sobre os trabalhadores, quando o marxismo começou a sair de moda em toda parte. Mas vamos convir que ninguém é obrigado a acompanhar a moda nessas coisas.

A exceção notável no marxismo desse primeiro período, em fim de contas bastante precário, foi a figura inesperada de Caio Prado Jr. Em sua pessoa, de herdeiro riquíssimo convertido ao comunismo, o prisma marxista se articulou criticamente à acumulação intelectual de uma grande família do café e da política, produzindo uma obra superior, alheia aos chavões partidários e assentada no conhecimento sóbrio das realidades locais. *Formação do Brasil contemporâneo*[1], de 1942, o livro principal de Caio, se impôs como uma das interpretações-chave do Brasil. Seu primeiro capítulo, que analisa o "Sentido da colonização", até hoje se lê como um momento intelectual luminoso. A quem não leu, recomendo vivamente.

Digamos então que a novidade do seminário de 1958 não foi a leitura de Marx, mas a ligação de sua obra à máquina

---

[1] Caio Prado Jr., *Formação do Brasil contemporâneo* (São Paulo, Companhia das Letras, 2011).

dos estudos universitários. Essa ligação tinha e tem muitos aspectos que agora não há tempo para analisar. Vou mencionar apenas alguns. Especulando um pouco, suponhamos que a intenção dos jovens professores de esquerda teria sido estudar e valorizar o grande crítico da ordem capitalista, e confrontá-lo aos teóricos sociais consagrados no *establishment*, como Durkheim, Weber, Mannheim e até Celso Furtado. Note-se que na época não faltavam professores de esquerda nos departamentos de ciências sociais e filosofia, mas que Marx, por razões que desconheço – e que valeria a pena pesquisar –, estava ausente dos currículos. Ele era assunto constante de conversas de corredor e de bar, mas não de sala de aula.

Pois bem, umas poucas sessões de leitura dos fantásticos primeiros capítulos de *O capital* bastaram para firmar no grupo o sentimento de que se estava diante de um teórico de estatura diferente, que tornava bastante relativos os demais. Acresce que o Brasil estava entrando em movimento, ou melhor, que o desenvolvimentismo nacional estava entrando em crise, e que uma teoria que destacava a industrialização e a luta de classes, a modernização e o imperialismo, se parecia mais com a realidade do que as concepções sociais rivais, que faziam figura de conservadoras e antiquadas, quando não de justificações de uma ordem ultrapassada. E havia ainda a presença combativa do terceiro-mundismo, com acento anti-imperialista, que não via a pobreza dos países periféricos como simples arcaísmo, mas como consequência e problema da inaceitável ordem mundial contemporânea. O atraso estava deixando de ser decorrência do passado para se tornar um elemento explosivo do presente.

Isso quanto à contribuição que o marxismo trazia à academia. Mas havia também o movimento inverso, talvez

22 Sobre a leitura de Marx no Brasil

mais imprevisto, em que era a academia que renovava o marxismo. Ao estudar a obra de Marx à maneira universitária, com toda a paciência e a atenção devidas a um clássico, mas sem espírito de catecismo, o seminário rompia a crosta de chavões e de ideologia com que o stalinismo havia desfigurado os escritos de seu ídolo venerado. A técnica acadêmica da explicação de texto punha em xeque as fórmulas prontas e acabadas e, sobretudo, o monopólio da interpretação de Marx que os partidos comunistas na época atribuíam a si mesmos e de fato detinham. Graças à leitura cuidadosa, reaparecia o pensador de complexidade e alcance crítico extraordinários, que fora soterrado pelo rumo desastroso da União Soviética no século XX. Nesse quadro, a ida dos universitários aos originais de Marx contribuía para a autorretificação da esquerda após a morte de Stalin, bem como para sua reinserção na linha de frente da aventura intelectual.

Mas voltemos ao seminário de 1958 e à sua fórmula, muito simples e adequada. Na hora de escolher e convidar os participantes, o grupo providenciou para que não faltassem um economista, um historiador, um filósofo, um sociólogo e um antropólogo, de modo a reunir os conhecimentos necessários à compreensão do texto de Marx, que é transdisciplinar. Vivíamos voltados para a universidade, mas nos reuníamos fora dela, para estudar com mais proveito, a salvo das compartimentações e dos estorvos próprios à instituição. O ambiente era de camaradagem, muita animação, e também de rivalidade. Durante algum tempo a primeira prevaleceu. A discussão e a crítica eram vigorosas, inteiramente livres, e iam da explicação das dificuldades elementares do texto, ou de problemas de tradução, até as questões teóricas e políticas mais difíceis, como, para dar um exemplo, as interpretações divergentes de Lenin e Rosa Luxemburgo. Seja dito de passagem que líamos o livro em espanhol e em francês, uns poucos em alemão, pois na época não havia edição brasileira. A cada encontro se explicavam e discutiam mais ou menos vinte páginas. As reuniões se faziam de quinze em quinze dias, em tardes de sábado, com rodízio de expositor e casa, e uma comilança no final. Terminada a discussão do texto, a conversa corria solta, em geral sobre política e às vezes sobre cinema. Lembro esta segunda parte mais informal das reuniões para mostrar que o grupo não se fechava na marxologia e que estudávamos Marx para entender o Brasil e o mundo contemporâneos.

Nesse espírito, é interessante observar que as contribuições mais fortes do seminário se deveram a uma circunstância que nada tinha de teórica: a necessidade de preparar o doutoramento. Os jovens professores aprendizes de marxismo tinham pela frente o trabalho de tese e o desafio de firmar o bom nome da dialética no terreno da ciência. Em outras palavras, em vez de se enfronharem no marxismo como uma especialidade à parte, externa ao contexto acadêmico, precisavam confrontá-lo criticamente com as teorias e os métodos rivais, para salientar a sua validade e eventual superioridade. Esse quadro de competição científica foi providencial e nos protegeu do "nós com nós" da endogamia teórica, que frequentemente encerra as discussões marxistas nelas mesmas. Como dizia Paul Singer, o doutoramento é uma força produtiva.

De modo geral, os seminaristas escolheram assunto brasileiro, alinhados com a opção pelos de baixo que era própria à faculdade, onde se desenvolviam pesquisas sobre o escravo, o negro, o caipira, o imigrante, o folclore, a religião popular – um elenco de temas que Antonio Candido identificou como antioligárquico. Este o quadro em que a ruminação intensa de *O capital** e de *O 18 de brumário*[2], ajudada pela leitura dos recém-publicados *História e consciência de classe*[3], de Lukács, e *Questão de método*[4], de Sartre, dois clássicos do marxismo heterodoxo, iria se mostrar produtiva. Digamos que a conceituação e os esquemas marxistas estavam entrando em contato com as formas locais de sociabilidade e dominação, características de nosso chamado atraso histórico e da peculiaridade de nossa fisionomia social de ex-colônia. Por um lado, eram passos da aclimatação do marxismo em terra brasileira. Por outro, mais importante, eram verificações do arcabouço do pensamento marxista *à luz das realidades locais*, de que ele discrepava bastante. Assim, havia aqui burguesia, mas ela não era igual à europeia; havia nação, mas ela não tinha se completado; e também a classe operária era diferente. Apenas o capital era um só. Como era de esperar, iam surgindo as questões de adequação e inadequação dos nomes, diante das quais havia duas saídas óbvias: dispensar o marxismo, porque ele não coincidia com os fatos brasileiros, ou dispensar os fatos, porque eles não coincidiam com o marxismo. Pois bem, o seminário teve a inteligência dialética, ou teórica, de não fazer nem uma nem outra coisa, mas de reter os dois termos, entendendo os descompassos como

---

* A obra de Karl Marx, *O capital*, teve seus três volumes publicados pela Boitempo: Livro I: *O processo de produção do capital* (2013); Livro II: *O processo de circulação do capital* (2014); e Livro III: *O processo global da produção capitalista* (2017). (N. E.)

[2] Karl Marx, *O 18 de brumário de Luís Bonaparte* (São Paulo, Boitempo, 2011).

[3] György Lukács, *História e consciência de classe: estudos sobre a dialética marxista* (São Paulo, WMF Martins Fontes, 2012).

[4] Jean-Paul Sartre, *Questão de método* (Rio de Janeiro, Difel, 1967).

realidades históricas importantes elas mesmas. A distância entre a teoria do capitalismo e as relações sociais peculiares de uma ex-colônia passava a ser encarada como parte significativa – política e culturalmente – da gravitação do presente mundial. Essa posição, que mais adiante daria na Teoria da Dependência*, talvez seja o resultado principal do seminário, e acho que não é exagero ver nela uma nova intuição do Brasil e de sua inserção global. Sumariamente, para concluir, vou salientar algumas consequências que vale a pena reter.

Primeiro. As marcas clássicas do atraso brasileiro não devem ser consideradas como traços de um quintal do mundo, e sim como parte integrante da reprodução da sociedade moderna no seu conjunto, ou seja, como indicativo de uma forma perversa de progresso. A tese tem potencial de desprovincianização notável, pois permite inscrever na atualidade internacional, de forma polêmica, muito daquilo que parecia nos afastar dela e nos confinar na irrelevância.

Segundo. As teorias desenvolvidas nos países centrais, incluído aí o marxismo, se aplicam e não se aplicam aos países periféricos, ou, ainda, são ao mesmo tempo indispensáveis e inadequadas. A reflexão crítica sobre essa dificuldade, em que está sintetizada uma parte da condição intelectual de

---

* Teoria desenvolvida por intelectuais como Ruy Mauro Marini, André Gunder Frank, Orlando Caputo, Roberto Pizarro e Fernando Henrique Cardoso, entre o fim da década de 1960 e o início da de 1970. Consistia em uma leitura crítica e marxista heterodoxa dos processos de produção com vista a explicar o subdesenvolvimento na periferia do capitalismo mundial, mostrando que o desenvolvimento econômico não se dava por etapas e processos globalmente idênticos e uniformes – uma visão que se contrapunha mesmo à dos partidos comunistas de então. (N. E.)

periferia, manda usar a própria cabeça e levar em conta a própria experiência, obrigando à invenção conceitual e à desprovincianização do pensamento.

E, *terceiro*, como homenagem aqui ao amigo Giannotti, 45 anos depois: suponho que tenha sido um sentimento dessa ordem, do valor da experiência histórica feita, ou melhor, acumulada no seminário, que o encorajou, em 1967, a escrever uma crítica radical e notável às teorias de Althusser, naquela época a maior referência internacional do marxismo. O artigo, aliás, foi publicado em *Teoria e Prática*, a revista do seminário da segunda geração. O esforço de umas poucas pessoas associadas pelo estudo, em sintonia com o momento histórico, levava um filósofo municipal – como Giannotti gosta de dizer de si mesmo – a participar com força e representatividade da primeira linha do debate contemporâneo. Foi um bom momento da história intelectual do Brasil.

Dito isso, a etapa hoje é outra, e a teoria crítica do capitalismo atual, que está clamando por superação, é uma tarefa que fica para a geração de vocês.

Capa do terceiro número da revista *Teoria e Prática*, com artigos de Emir Sader, Michael Löwy, João Quartim de Moraes e José Arthur Giannotti, entre outros.

Considerações sobre *O capital*

José Arthur Giannotti

É sempre importante falar para um público jovem, às vezes não tão jovem, principalmente para retomar uma questão que nos tem preocupado há anos: por que, e como, ler Marx? *O capital* é um livro fascinante. Quem o tiver nas mãos vai se espantar ao ler capítulos como "Maquinaria e grande indústria"[1] e "A assim chamada acumulação primitiva"[2], textos que fazem reconstruções históricas monumentais. Ao passar para o terceiro livro[3], lerá sobre as fórmulas trinitárias do capital – as quais, no fundo, descrevem como se explicita o processo de alienação das mercadorias – e verá

---

[1] Karl Marx, "Maquinaria e grande indústria", em *O capital: crítica da economia política*, Livro I: *O processo de produção do capital* (São Paulo, Boitempo, 2013), p. 445-574.

[2] Idem, "A assim chamada acumulação primitiva", em *O capital*, Livro I, cit., p. 785-833.

[3] Idem, *O capital: crítica da economia política*, Livro III: *O processo global da produção capitalista* (São Paulo, Boitempo, 2017).

como o capital financeiro se desliga da formação da riqueza social em geral: o próprio capital se aliena como uma força pairando sobre os homens.

No entanto, outros capítulos são muito estranhos, complicados, formais, a começar pelo primeiro[4], que trata do valor. Vou ter que retomá-lo para lhes expor algumas de minhas ideias. É preciso não se esquecer de que *O capital* é um livro inacabado, concluído por Engels, autor muito ligado à vulgata de lógica hegeliana, em particular à sua noção de história. Esta começaria com a quebra do comunismo primitivo, no qual não haveria a propriedade privada dos meios de produção, e em seguida instalariam, não se sabe como, diversos modos de produção e diversas formas de luta de classe. Formar-se-ia então o modo de produção capitalista, a cuja crise estamos assistindo. A luta de classes seria, por conseguinte, levada a seu limite, configurando uma contradição perfeita entre capital e trabalho, que, uma vez superada, criaria uma sociedade sem classes, fim de nossa pré-história e porta de entrada para a história da liberdade. Obviamente esse é apenas seu esqueleto, mas está sempre no horizonte de Engels.

Encontramos, pois, alguns capítulos mais históricos e outros mais conceituais. Todo mundo sabe que, para Hegel, o conceito é potência substancial, que *vem a ser* segundo tese, antítese e síntese. Tomemos o gênero dos galináceos divididos entre galinhas e galos, que geram pintinhos, para completar a espécie. A síntese de um conceito da natureza, entretanto, não cobre sua diferença com o espírito. No nível da representação religiosa, o conceito pode ser apresentado como Pai, Filho e Espírito Santo.

---

[4] Idem, "A mercadoria", em *O capital*, Livro I, cit., p. 113-58.

Por que menciono isso? Porque a aplicação do conceito hegeliano no primeiro capítulo levanta uma questão séria, posto que não podemos saber até que ponto seria possível aplicar a lógica hegeliana sem virar hegeliano, isto é, sem pensar que a realidade seja discurso do próprio Espírito Absoluto. Para que uma contradição se resolva em algo superior e lance novo movimento, isso só pode se dar do ponto de vista do Espírito Absoluto, ou seja, quando do próprio discurso se faz a totalidade do ser – do logos. Num nível discursivo qualquer, se chegarmos a uma contradição, ela bloqueia o pensamento. Por quê? Porque dada uma contradição é possível deduzir *a* como *não a*, em suma, é possível deduzir o que se quiser.

Como aceitar um conceito de contradição que tenha em si mesmo o poder de se renovar, sem aprofundar seu lado discursivo? Ainda na linha do hegelianismo, Marx vai distinguir, de um lado, uma história categorial, a construção da estrutura formal de um modo de produção; de outro, sua história do *vir a ser*, a implantação desse modo. Do ponto de vista categorial, Marx esperava que o desdobramento da contradição entre capital e seu fundamento material, a força de trabalho, haveria de terminar na contradição entre capital total e trabalho total. O terceiro livro esboça essa contradição, mas não encontra fundamento histórico e político para se aprimorar numa tensão total. Essa não é uma das razões pelas quais o livro fica inacabado? Além do mais, ao escrever *O capital*, Marx ainda enfrenta um problema muito sério: ele não quis apenas escrever um livro teórico; basta ler a última tese a respeito de Feuerbach[5] para perceber que a intenção de Marx ainda era transformar o mundo.

---

[5] Idem, "*Ad* Feuerbach", em Karl Marx e Friedrich Engels, *A ideologia alemã* (São Paulo, Boitempo, 2007), p. 533-5.

30 Considerações sobre *O capital*

Esse livro, que deveria preparar a Revolução contra o capital, inspirou vários movimentos sociais, em especial a Revolução Russa de outubro de 1917*. A partir dela, em particular a partir do momento em que ela se fecha com a Terceira Internacional, marxismo e hegelianismo se transformaram numa vulgata. Foi então que os textos de Marx passaram a ser lidos do ponto de vista de uma teoria do conhecimento – além do mais, vulgar – e que se criou uma zona obscura na inteligência do século XX. Lembro-me de grandes físicos que tomavam Engels ao pé da letra, aceitando sem mais uma dialética da natureza como um fato natural. De outro lado, houve uma disputa enorme entre os filósofos, como se houvesse duas formas de pensamento: um determinado pela lógica formal; outro, pela lógica dialética. Uma curiosidade: o grande historiador Caio Prado Jr., ao escrever sua teoria do conhecimento[6], um dos livros mais desastrados já escritos na história do Brasil, num certo momento começa a brigar com o teorema de Gödel**. Teorema este muito importante para a lógica formal, que mostra precisamente os limites do formalismo. É como se partíssemos contra o teorema de Pitágoras.

---

* A segunda etapa da revolução de 1917. Na primeira, em fevereiro do mesmo ano, houve a derrubada do governo czarista e sua substituição por um governo provisório apoiado por partidos socialistas moderados. Na de outubro, esse governo foi substituído por um do Partido Bolchevique, dando início ao regime socialista soviético. (N. E.)

[6] Caio Prado Jr., *Dialética do conhecimento* (São Paulo, Brasiliense, 1955).

** Os "teoremas da incompletude de Gödel" são teoremas de lógica matemática que identificam limitações em quase todos os sistemas axiomáticos, ou seja, aqueles baseados em premissas consideradas verdadeiras e fundamentadas por demonstração. Foram provados em 1931 por seu criador, Kurt Gödel (1906-1978). (N. E.)

Com a disseminação da vulgata marxista, houve um racha na cabeça dos intelectuais que militavam na esquerda, o qual, de um lado, deu origem a teorias de história ou sociologia de bom nível e, de outro, sustentou uma teoria do conhecimento que era das mais pobres possíveis.

Eu mesmo li, nos primeiros anos da faculdade, um livro absolutamente extraordinário por sua burrice: uma obra de Henri Lefebvre sobre lógica dialética e lógica formal[7]. Como seria possível o discurso e o cérebro separarem os lóbulos, um aceitando a contradição real, e o outro, não? A vulgata marxista impediu que lêssemos Marx como um clássico, isto é, como um texto de um filósofo que entra para o patrimônio da humanidade na medida em que suscita leituras que mudam visões e abrem caminho para ações.

Já na passagem do século XIX para o XX, encontram-se leituras de Marx muito diferentes. Na Alemanha, por exemplo, a leitura de Karl Kautsky e de Rosa Luxemburgo já divergem. Na União Soviética, a leitura de Lenin é diferente da de Nikolai Bukharin. Na Itália, Galvano Della Volpe e Antonio Gramsci caminham em outras direções. Na França, Althusser rompe com toda a tradição marxista. É interessante notar que essas diversas leituras, cada uma a seu modo, se reportam a Hegel. Em particular os franceses, ao darem preferência à *Fenomenologia do espírito*[8], e os italianos, que optam pela *Ciência da lógica*[9], abrindo assim caminhos divergentes para Marx.

---

[7] Henri Lefebvre, *Lógica formal, lógica dialética* (São Paulo, Civilização Brasileira, 1975).

[8] Georg W. F. Hegel, *Fenomenologia do espírito* (São Paulo, Vozes, 2011).

[9] Idem, *Ciência da lógica* (São Paulo, Vozes, 2011).

32 Considerações sobre *O capital*

A possibilidade de leituras múltiplas já é claramente notada por quem se detém no primeiro capítulo de *O capital* [10]. Do ponto de vista da ciência econômica, esse capítulo repete basicamente a teoria do valor-trabalho de Ricardo. Marx a cita, mas apresentando-a num jogo de reflexão entre o valor de uso e os valores de troca, instituindo um valor e determinadas contradições. No fim, um texto belíssimo mostra como funciona a alienação da mercadoria, mas seu entendimento é muito difícil. Ao resenhar as teorias do mais--valor, escritos que ficaram à margem do marxismo, Marx faz uma objeção a Ricardo que, a meu ver, é de suma importância: Ricardo não entende que o valor é uma substância. O que significa isso? Que o valor não pode ser percebido simplesmente como uma relação, suponhamos, entre as horas de trabalho social e os objetos produzidos, a produção deste objeto, desta garrafa e deste relógio e outros mais. Essas relações são fundadas numa substância e fundantes dela, algo historicamente criado, mas que conserva suas relações estruturais num determinado espaço de tempo. Obviamente, Marx está recorrendo, aqui, à noção hegeliana de substância. Essa base, esse fundamento, constitui-se pelo movimento de um sujeito que se opõe a si mesmo, não simplesmente como uma verdade de base, tal como Aristóteles a pensava, mas travando as relações sociais.

Marx teve muito cuidado em escrever esse primeiro capítulo – se não me engano foram cinco versões –, e ainda assim nunca ficou de fato satisfeito com ele. Isso porque já aqui Marx rompe com a ciência da economia política. Escreve uma crítica a ela que ultrapassa o nível do puro conhecimento científico. Trata-se de mostrar a criação de uma

---

[10] Karl Marx, "A mercadoria", cit.

substância, o valor, trampolim para se instalar uma relação capitalista que vise tomar um valor para criar um mais-valor. E assim se desenharia no horizonte o alvo a ser modificado para que conseguíssemos nossa liberdade.

Por ironia da história, logo depois da publicação do primeiro volume de *O capital*, em 1867, William Stanley Jevons e Marie-Ésprit-Léon Walras, em 1871 e 1874, publicam os fundamentos da teoria marginalista do valor, cuja base é o valor de uso, algo que parecia impossível para Marx. Novos instrumentos matemáticos, as curvas de preferência, por exemplo, permitem calcular quanto eu estaria disposto a trocar, dentre os meus bens, numa situação-limite – por exemplo, com sede e perdido no deserto. Para a nova ciência – e usamos aqui a palavra numa acepção muito larga – econômica, a oposição entre valor de uso e valor de troca deixa de ser fundante. Desse novo ponto de vista, Marx aparece apenas como um precursor que trabalha com um paradigma antigo.

Enquanto perdurou o projeto político de criar produtos sem passar pelo mercado, pela turbulência do ajuste entre oferta e demanda, era ainda possível imaginar uma teoria econômica crítica se contrapondo às correntes científicas. Isso, me parece, tornou-se impossível depois do desaparecimento da União Soviética e das mudanças ocorridas na economia chinesa. E a própria ciência econômica se mostrou muito mais diversificada e múltipla, muito longe do paradigma das ciências naturais. Muito mais uma ciência para tapar buracos do que para inventar um futuro.

O capital se torna, então, um livro clássico. Não podemos lê-lo sem que nos diga coisas que concernem ao nosso cotidiano, à maneira pela qual a mercadoria se torna um fetiche, como o capital cria riqueza e miséria, como o capital financeiro se torna independente e percorre o mundo, como se sucedem crises como esta em que estamos metidos hoje.

Seu classicismo nos coloca diante da tarefa de transformar o mundo e de tomar uma posição política com relação a suas teses, mas refletindo e reconhecendo suas ambiguidades.

Um dos movimentos mais ativos, hoje, ligados à herança marxista é a teoria crítica. No entanto, os frankfurtianos foram muito influenciados por um texto de Friedrich Pollock, de 1930, que dizia que o movimento do capital se desregrara, de sorte que a crítica ao capitalismo deveria tomar outros rumos, deixando de lado a análise do capital. Como Marcos Nobre nos tem mostrado, os frankfurtianos se lançaram numa crítica da razão instrumental, oposta àquela, digamos, substancial, que analisa o modo de ser das coisas. Além de sociólogo, o filósofo Theodor Adorno afunila seu pensamento numa dialética negativa. Max Horkheimer distingue duas razões, e todo mundo hoje conhece a teoria da razão comunicativa de Jürgen Habermas.

A crítica ao capitalismo se funda não na teoria do valor-trabalho, mas numa análise da razão instrumental, aquela que coloca um determinado objetivo e simplesmente examina os meios para se chegar a ele. Note-se que a direita alemã sempre foi contrária à técnica moderna. Sabemos que uma das grandes preocupações de Habermas é mostrar que o trabalho social não é algo substancial, mas que pode ser reduzido a uma forma de comunicação, isto é, a uma razão comunicacional.

Na medida em que abandona a teoria do valor-trabalho, o pensamento de esquerda ou tenta retomar a *Fenomenologia do espírito*, examinando como o saber encontra uma totalidade histórica e crítica, ou se volta para Kant, esperando renovar uma crítica da razão. Creio que se deixou de lado uma pista, aquela que lembra que o valor deve se estruturar como substância. Isto é, um caminho que retoma aquele tradicional da ontologia. No entanto, a problemática do *on* enquanto *on,* do ser, foi inteiramente posto à margem do pensamento contemporâneo, a não ser pelo genial nazista Martin Heidegger. Lembremos, porém, que um grande pensador, György Lukács, também tentou esse caminho maldito.

Todo o mundo sabe que Lukács escreveu o livro *História e consciência de classe*[11]. Muito criticado pela esquerda comunista, esse autor foi obrigado a beijar a cruz para poder ser reconhecido nestes meios. Aceitava influências de Max Weber e outras tendências da hermenêutica. Um herege. Mais tarde, escreve um livro interessante, *Para uma ontologia do ser social*[12], no qual a noção do trabalho aparece como um problema do ser humano ao *vir a ser* social. Não tenho aqui as condições para fazer a crítica desse livro, mas gostaria apenas de lembrar que Lukács foi um dos poucos herdeiros do marxismo que se lembrou daquela objeção que Marx fazia a Ricardo: é preciso pensar o valor como substância, portanto, como algo que é fundamento, algo cujo sentido precisa ser examinado.

O capital continua a apresentar problemas fundamentais para que possamos compreender nossa contemporaneidade. Só que hoje, na filosofia contemporânea, a ontologia não tem mais o mesmo significado. Ela é uma palavra do século XVIII que perdeu seu sentido de representação do ser e se tornou uma teoria dos comportamentos tais como eles precisam existir para se reporem, desenhando campos de existência. Por exemplo, como os comportamentos sociais

---

[11] György Lukács, *História e consciência de classe* (São Paulo, WMF Martins Fontes, 2012).

[12] Idem, *Para uma ontologia do ser social,* v. 1 (São Paulo, Boitempo, 2012) e v. 2 (São Paulo, Boitempo, 2013).

36 Considerações sobre *O capital*

de uma sociedade estritamente capitalista se diferenciam daqueles de uma sociedade baseada na escravidão? E de uma economia como a trobriandesa, em que as trocas são permitidas dentro de certas camadas? Trocam-se peixes por anzóis, mas não se pode trocar mandioca por mulher; esta só pode ser trocada por uma canoa.

Essa regulação de coisas ligadas a comportamentos verbais ou não verbais, mas sempre com sentido, Ludwig Wittgenstein a chama de gramatical. Não estou falando da gramática da língua portuguesa ou da francesa, mas das próprias relações sociais na medida em que moldam coisas, em que são logos. Por exemplo, podemos perfeitamente pensar na gramática do Holocausto. Basta ler o livro de Hannah Arendt, sobre o julgamento de Adolf Eichmann[13], para perceber como o nazismo havia criado um tipo de relacionamento mecânico, técnico, entre as pessoas, em que elas simplesmente trabalhavam e cumpriam suas tarefas, sem se envolverem com o conteúdo do que estavam fazendo. Se *Die Arbeit macht frei*, se o trabalho liberta, como anunciava o pórtico de Auschwitz, é porque não se contestava o sentido universal da missão definida pelo Partido e pelo *Führer*. Daí a banalização do mal. Eichmann não operava para matar, apenas transferia o nome de alguém de uma lista para outra, ou ainda de um lugar para outro.

Não estaríamos, hoje, condenados a examinar qual é a gramática do capital contemporâneo, cujas perversidades e grandezas nos espantam? Estamos diante de uma crise profunda provocada basicamente pela alienação do capital financeiro, quando o capital funciona sem levar em conta

---

[13] Hannah Arendt, *Eichmann em Jerusalém: um relato sobre a banalidade do mal* (São Paulo, Companhia das Letras, 1999).

suas condições de produção. Tudo indica que vamos sair dela de uma maneira schumpeteriana, graças a um formidável desenvolvimento tecnológico. Estaremos prontos para dar esse salto? Teremos condições de formar uma elite técnica, capaz de desenvolver novos produtos? Até que ponto nossa esquerda combate um capitalismo que só existe na sua memória? Se não nos aproximarmos das condições reais, sairemos da crise sem sairmos do século XX.

José Arthur Giannotti dando aula na Faculdade de Filosofia da Universidade de São Paulo no final dos anos 1960. (Arquivo pessoal)

Michael Löwy, Roberto Schwarz, Gabriel Bolaffi (da esquerda para a direita, sentados), então estudantes de Ciências Sociais da USP, com Maria Rita Eliezer. São Paulo, 1959. (Arquivo pessoal de Michael Löwy)

Comunismo e marxismo no Brasil

João Quartim de Moraes

Invertendo a ordem histórica predominante, o marxismo chegou ao Brasil na bagagem do comunismo. Esse fenômeno não foi exclusivamente nosso, mas não deixa de ser uma peculiaridade da história das ideias e das lutas sociais em nosso país. Não ocorreu, por exemplo, nos nossos vizinhos do Cone Sul. Na Argentina, para citar o caso mais patente, o pensamento marxista havia desembarcado bem antes – ela saiu na frente. Na última década do século XIX, os socialistas lá fundaram seu próprio partido; um desses fundadores foi o Juan Justo, que depois se desencaminhou. Mas não importa. Juan Justo foi o primeiro tradutor de *O capital* para o espanhol. Já no Uruguai o anarquismo era muito forte no movimento operário, de modo que não ocorreu essa penetração do marxismo pela social-democracia, que foi o desenrolar clássico europeu.

No Brasil, mesmo empurrados para a ilegalidade, os comunistas assumiram posição hegemônica na esquerda por quase meio século. Em 1934 eles puseram-se à frente do combate antifascista encampado pela Aliança Nacional

Libertadora e receberam em suas fileiras Luiz Carlos Prestes. De volta à ilegalidade após o golpe judiciário de 1947*, que cassou os mandatos e o registro do Partido, eles mantiveram-se presentes no movimento operário-popular e nos setores revolucionários da intelectualidade. Como herança histórica do tenentismo revolucionário, também era forte a presença comunista nas Forças Armadas. Em 1950, a chapa nacionalista, encabeçada pelos generais Newton Estillac Leal e Júlio Caetano Horta Barbosa, venceu por ampla maioria as eleições para a direção do Clube Militar. Mais do que meros nacionalistas, os oficiais que a integravam eram também anti-imperialistas. Além de aderirem à campanha "O petróleo é nosso!", tiveram também papel importante, ao lado do PCB (do qual alguns faziam parte), na luta para impedir que soldados brasileiros servissem de tropa auxiliar na invasão estadunidense da Coreia, decidida pelo presidente Harry Truman (o mesmo das duas bombas atômicas). Nelson Werneck Sodré, que também integrava a chapa e já era considerado, não sem razão, o principal teórico da esquerda militar, assumiu a direção do Departamento Cultural do Clube, cuja revista se tornou a tribuna dos oficiais empenhados a fundo na batalha pelo desenvolvimento nacional, por uma política externa independente e por reformas sociais avançadas. A direita militar, exacerbada pelos ódios da "guerra fria", logo se articulou numa

---

* Referência ao acórdão, de 1947, do Tribunal Superior Eleitoral que, no segundo ano do governo de Eurico Gaspar Dutra, decidiu pela ilegalidade do Partido Comunista do Brasil (PCB), o fechamento das sedes deste e o rompimento das relações diplomáticas do Brasil com a União Soviética. (N. E.)

"Cruzada Democrática"* para aniquilar esse perigoso foco subversivo, que ousava contestar a subordinação do Brasil ao "colosso do Norte" – fórmula reverencial dos deslumbrados com o poderio do dólar e do Pentágono. Com o apoio desses colossos estadunidenses, ela logrou não somente derrotar a ala nacionalista do Exército, mas também acuar Getulio e levá-lo ao suicídio.

Dessa circunstância histórica, de o comunismo ter chegado ao Brasil antes do marxismo, decorre o fato de que foram necessários trinta anos para que este começasse a ser estudado de modo aprofundado. Foi só então que *O capital* passou a ser lido com rigor teórico por alguns dos melhores intelectuais brasileiros da segunda metade do século XX, nomeadamente dois comunistas, Caio Prado Jr. e Nelson Werneck Sodré (este último injusta e sistematicamente "esquecido" em certos meios de esquerda). Suas respectivas posições, entretanto, inscrevem-se em polos opostos das interpretações marxistas de nossa evolução histórica.

O centro nevrálgico dessas interpretações e das muitas polêmicas que elas suscitaram foi a elaboração do programa nacional-democrático da revolução brasileira. Muitos autores comunistas participaram, ao longo dos anos 1950 e 1960, do debate em torno desse programa. Não são apenas os mais

---

* Movimento organizado em março de 1952 pela ala conservadora das Forças Armadas brasileiras. Representantes do grupo venceram duas eleições seguidas para a presidência do Clube Militar, exercendo os mandatos de 1952 a 1954, com o general Alcides Etchegoyen, e de 1954 a 1955, com o general Canrobert Pereira da Costa. Em 1955, com a derrota para o Movimento 11 de Novembro, os militares da Cruzada Democrática seguiram atuando dentro e fora do clube, chegando novamente ao poder nessa instituição em 1962 e participando ativamente do golpe que depôs João Goulart da presidência do país, em 1964. (N. E.)

conhecidos que atestam a força de uma teoria, mas, sobretudo, os que a propagam e desenvolvem. Vários deles publicaram estudos de grande importância, alguns muito lidos, como *Quatro séculos de latifúndio*[1], de Alberto Passos Guimarães. A eles se devem interpretações originais, densas e consistentes da sociedade brasileira, de sua dinâmica e de suas contradições.

Em especial, as intervenções sobre o programa revolucionário brasileiro publicadas na tribuna de debates do V Congresso do PCB, em 1960, mostram uma sólida apropriação teórica do marxismo. Sobretudo a discussão da questão agrária, em muitos pontos polêmica, revela não somente domínio do aparelho conceitual do materialismo dialético, mas também conhecimento concreto e aprofundado das relações de trabalho e de propriedade nas zonas rurais. No conjunto, as contribuições para o V Congresso compõem um precioso acervo para a história das ideias marxistas no e sobre o Brasil. Previsivelmente, refletem-se nesse acervo as divergências políticas que culminaram na cisão de 1961, quando o Partido Comunista do Brasil (PCB) se dividiu em dois, o Partido Comunista do Brasil (PCdoB) e o Partido Comunista Brasileiro (PCB).

O tempo da teoria nem sempre é o mesmo da política: algumas das obras mais importantes suscitadas pela intensa atividade, política e teórica, da década que precedeu o golpe militar de 1964 foram publicadas já sob a ditadura. Foi o caso, além dos autores já mencionados, de Jacob Gorender. Em que pese a deriva ideológica de seus últimos anos, ele ocupou lugar importante no pensamento e na produção teórica do marxismo brasileiro.

A forte presença dos comunistas nas lutas políticas nacionais e a relevância das análises marxistas da sociedade brasileira

---

[1] Alberto Passos Guimarães, *Quatro séculos de latifúndio* (São Paulo, Paz e Terra, 1968).

exerceram forte impacto cultural, cujos efeitos perduraram por toda uma geração. Roberto Schwarz registrou e descreveu com originalidade, verve e precisão, em seu conhecido artigo de 1970[2], a hegemonia cultural da esquerda nos anos que seguiram o golpe de 1964. Eu não vou aqui repeti-lo, mesmo porque não seria capaz de reproduzir tão concretamente o ambiente daqueles anos. Quero apenas mencionar o crescente interesse pelo estudo do marxismo nos meios universitários durante aquela época. Nesse âmbito, a iniciativa mais notória, se não a mais bem-sucedida, foi o seminário sobre *O capital*, animado por alguns flamantes jovens professores de ciências humanas da Universidade de São Paulo (USP). Os critérios do trabalho acadêmico são diferentes daqueles do trabalho político-revolucionário. Estudar *O capital* com métodos e ritmo próprios a um seminário, integrado por professores interessados pelo marxismo, configurava uma experiência intelectual propriamente teórica: tratava-se de se apropriar, com rigor analítico e lucidez crítica, de um conhecimento já constituído. A conotação política era indireta; tornou-se mais forte depois do golpe, quando assumiu caráter de resistência intelectual ao obscurantismo.

A ditadura burocrática da cúpula das Forças Armadas que assumiu o controle da máquina do Estado em 1964 anulou o programa de "reformas de base" do presidente deposto, João Goulart (em boa medida inspirado no programa nacional-democrático defendido pelas forças de esquerda), e instaurou um regime de contrarrevolução preventiva que se prolongou até 1985. Com distintas ênfases e modalidades, o marxismo esteve presente na luta contra a ditadura, com o PCB e o PCdoB, mas também com organizações políticas

---

[2] Roberto Schwarz, "Cultura e política, 1964-1969", em *O pai de família e outros estudos* (São Paulo, Companhia das Letras, 2008).

menores que participaram da resistência armada clandestina. Foi também forte referência teórica no movimento estudantil e em setores mais combativos do movimento operário.

Novas fragmentações do movimento comunista ocorreram quando, em intensa mobilização revolucionária, muitos agrupamentos oriundos do PCB recorreram à luta armada nos mais importantes centros urbanos do país. O PCdoB também se lançou na guerra revolucionária, mas na perspectiva da mobilização dos camponeses. Para tanto, voltou-se para a região florestal do rio Araguaia. Sua intenção não era lançar operações guerrilheiras de imediato, mas implantar-se na região, estabelecendo laços orgânicos com as populações rurais. Em 1972, entretanto, informado dessas atividades clandestinas por seus serviços secretos, o Exército desencadeou uma vasta operação de cerco e aniquilamento que se prolongou até 1975.

Por meio de mortes, prisões, exílios, ou às vezes pelo simples constrangimento ao silêncio com vistas à sobrevivência, o ambiente de "sufoco" imposto pelo terrorismo de Estado bloqueou a influência comunista na cultura nacional. Quando a esquerda voltou a ocupar o centro dos combates sociais, no final dos anos 1970, com as grandes mobilizações operárias do ABC paulista, os comunistas foram sobrepujados pelo Partido dos Trabalhadores (PT), cuja relação com o marxismo era mais problemática do que programática, mas cujos sindicalistas estavam à frente das greves vitoriosas de 1979-1980. Ao se consolidar, ao longo dos anos 1980, como o maior partido da esquerda brasileira, o PT admitiu o marxismo como uma referência entre outras, num contexto de ecletismo ideológico, ao modo do que ocorria na Segunda Internacional social-democrata. Com a deliquescência ideológica do chamado "Partidão", durante o mesmo período, o PCdoB tornou-se o único partido brasileiro de envergadura histórica a fundamentar seu programa na teoria marxista.

Embora eu nunca tenha sido membro do PT (sou comunista), nem o tenha estudado à maneira de sociólogos e politólogos, parece-me evidente que esse ecletismo atraiu para o novo partido um largo espectro da opinião esclarecida, do liberalismo social ao socialismo cristão. É compreensível, então, que o materialismo histórico constituísse uma prioridade teórica apenas para uma minoria de dirigentes e militantes petistas.

Eu não vejo, porém, na nova geração, nenhuma atrofia do interesse pela leitura de *O capital.* Os intelectuais marxistas eram e continuam sendo uma minoria, mas não uma minoria qualquer. E aqui eu me permitiria divergir do meu eminente e estimado professor José Arthur Giannotti, pois notei uma *contradictio in adiecto** – para usar aqui um latinório – em sua intervenção. Você começou por nos lembrar da fórmula trinitária do capital e disse: "Está lá o capital financeiro de hoje". Depois você afirmou, em outro viés: "Não, *O capital* hoje continua a ter validade, mas não como ciência econômica". Depende do que se entende por ciência. Se as raízes, o retrato, do capital financeiro estão ali, no famoso – e, como você disse muito bem, difícil – capítulo da fórmula trinitária, então isso não é ciência? Isso nos dá um conhecimento profundo, muito mais do que o faz essa econometria travestida de ciência, que serve para a idolatria dos mercados e para ajudar os mais espertos a ganhar dinheiro na bolsa.

A pergunta que fica, e você terá novamente a palavra para respondê-la, é esta: não haveria contradição na sua posição ao, num primeiro momento, negar o caráter científico da crítica marxista do capital e, em seguida, admitir que na fórmula trinitária reconhece-se o capital financeiro de hoje? É Giannotti

---

* "Contradição no adjetivo", em tradução literal, expressa uma contradição entre partes de um mesmo argumento. (N. E.)

contra Giannotti? De toda forma, depois das duas intervenções que me precederam, eu tenho a impressão de estar chovendo no molhado ao ressaltar a importância teórica, a inovação desse tesouro inexaurível de conhecimento que é a obra de Marx, em geral, e *O capital*, em especial. Eu queria sugerir apenas duas questões que me parecem fundamentais para situar *O capital* no interior do conhecimento social e na história do pensamento do século XX e desse começo do século XXI.

A primeira: Marx sempre acabou retornando à universidade. Só em momentos de terrorismo intelectual é que ele foi de lá desalojado, porque há um reconhecimento por parte de quem tem uma razoável cultura, uma razoável formação intelectual, de que não se pode rejeitar o Marx. É preciso ser muito retrógrado, muito obscurantista, muito travado para criminalizar seu pensamento. Há, porém, outro nome que não entra na universidade. É o daquele tal russo, o Lenin. Lenin permanece um tabu. É comum, na esquerda cor-de-rosa, torcer o nariz para as ideias filosóficas dele, embora a firmeza, a precisão e a clareza com que ele defendeu a posição materialista em filosofia mereça respeito. Ele não era um filósofo profissional, mas pôde, sobretudo, aprofundar a teoria do imperialismo.

Eu sustento que sem essa teoria leninista do imperialismo simplesmente não é possível compreender o século XX. E nisso Lenin é uma novidade. Por quê? Porque colonialismo e imperialismo, termos-chave para a história do século XX e começo do XXI, são conceitos que não existem nem no vocabulário de Marx, nem no de Engels. Marx, quando fala de colônia, é em outro sentido do termo. No último capítulo do Livro I de *O capital*[3], sobre as modernas teorias da colonização,

---

[3] Karl Marx, "A teoria moderna da colonização", em *O capital: crítica da economia política*, Livro I: *O processo de produção do capital* (São Paulo, Boitempo, 2013), p. 835-44.

ele chama de colono aquele que vai ocupar uma terra, o homem, o trabalhador livre etc.; ele está discutindo a questão da imigração de brancos, referindo-se à experiência dos Estados Unidos e ao debate que ocorria no Parlamento britânico sobre os critérios de concessão de terras para os imigrantes que iam para a Austrália. Trata-se, pois, da *white colonisation*, de colonizadores brancos. Colonialismo é um termo do século XX, que Marx não conheceu. Ele fala de império, mas para designar o poder pessoal de Luís Bonaparte, um regime político oriundo de um golpe de Estado, que sobreviveu graças a um equilíbrio de classes que o imperador pretendia arbitrar. Quase nada a ver com a teoria do imperialismo formulada por Lenin a partir dos estudos do inglês John Atkinson Hobson e do alemão-austríaco Rudolf Hilferding.

É forte a conexão entre imperialismo e colonialismo. O Primeiro Congresso dos Povos do Oriente* incorporou "os povos coloniais do mundo inteiro" ao célebre apelo

---

* Congresso convocado pela Internacional Comunista e realizado entre 1º e 8 de setembro de 1920 em Baku, capital do Azerbaijão. Contou com 1.891 delegados que representaram Turquia, Pérsia (atual Irã), Egito, Índia, Afeganistão, Baluchistão (hoje uma província do Paquistão), Kashgar (cidade hoje pertencente à região autônoma Uigur do Xinjiang, da República Popular da China), China, Japão, Coreia, Arábia (que atualmente compreende Arábia Saudita, Bahrein, Emirados Árabes, Iêmen, Kuwait, Omã e Catar), Síria, Palestina, Bucara (hoje uma província do Uzbequistão), Khiva (atualmente também uma província uzbeque), Azerbaijão, Armênia, Geórgia, Turquestão (região que corresponde, na parte ocidental, aos atuais Tadjiquistão, Quirguistão, Cazaquistão e, na oriental, à província chinesa de Xinjiang), Ferghana (província uzbeque), Daguestão, Cáucaso Norte, a região autônoma de Calmúquia, a República Tártara e o Distrito do Extremo Oriente (os cinco últimos também integrados atualmente como unidades federativas da Rússia). (N. E.)

internacionalista do movimento operário: "Proletários do mundo inteiro, uni-vos!". Essa é uma mudança decisiva que anunciou e impulsionou as lutas de libertação nacional vitoriosas nos continentes secularmente agredidos pelos saqueadores do Ocidente.

A segunda questão concerne à conexão do marxismo com o darwinismo. Muitos sabem que no célebre elogio fúnebre de que Engels foi encarregado, depois da inelutável constatação de que o mais poderoso cérebro tinha parado de funcionar, ele disse: assim como Darwin descobriu a lei do desenvolvimento da natureza orgânica, Marx o fez para o desenvolvimento da história humana[4]. Eu subscrevo a 101% dessa fórmula de Engels, mas sempre levando em conta que a conexão por ele enfatizada nos propõe um programa de investigação, não um conhecimento teórico já pronto. Ora, esse programa foi arquivado pelas correntes metafísicas do marxismo. Vou expor aqui meu argumento, sem tempo nem vontade de polêmica, mas já entrando um pouco nela.

Considero a ontologia do ser social um modo envergonhado de designar uma metafísica do trabalho. O trabalho é erigido em categoria fundante da história, meta-histórica, portanto, e justamente o capítulo 5 do Livro I de *O capital*[5], em que Marx discute a diferença entre o trabalho não humano e humano (aqueles célebres exemplos da teia de aranha, da colmeia e tudo o mais), ele admite que há uma forma instintiva de trabalho no homem e que há um prenúncio até de

---

[4] Friedrich Engels, "Discurso diante do túmulo de Karl Marx", em Friedrich Engels e Karl Marx, *Obras escolhidas* (Lisboa, Avante, 1982), t. III, p. 179-81.

[5] Karl Marx, "O processo de trabalho e o processo de valorização", em *O capital*, Livro I, cit., p. 255-75.

utilização de instrumentos em certos primatas superiores, nossos parentes próximos na linha da evolução.

Mas qual a importância disso? É que quando ele escreveu essa reflexão, sua intenção em *O capital* não era de modo algum estudar as origens remotas do ser humano, dos ancestrais deste, ou a formação biológica do homem pré-histórico. Não era esse o objetivo. E, no entanto, ele deixa essa brecha aberta, porque nós não entendemos o homem sem entender a história da formação do homem, e não entendemos a formação do homem se ignoramos a biologia genética do *homo* dito *sapiens*. É tanto mais lamentável olhar para a ontologia sem olhar para a biologia, a qual, junto com o evolucionismo, está entre os grandes avanços do conhecimento científico. Eu divirjo quanto ao fato de a economia atual, essa que serve de base para o neoliberalismo, ser uma ciência, mas acho evidente que as descobertas biológicas, inclusive na microbiologia aplicada à evolução das espécies, são descobertas científicas de grande importância. Ora, o marxismo não deve perder a conexão com essas descobertas. Para não perdê-la, é preciso abandonar uma visão metafísica da origem do trabalho humano e ver como ele se produziu na pré-história da humanidade, na animalidade.

Eu já devo ter ultrapassado o tempo, não? Porque é comum pensarmos que os outros estão falando muito, mas sempre esquecemos que também falamos demais. É normal! É a condição pré-histórica do homem: éramos animais carnívoros, dominadores, tínhamos de empurrar o outro para poder roer nosso osso. E alguma coisa disso permanece!...

Então, para concluir, eu gostaria de acrescentar uma reflexão sobre a União Soviética. Foi lembrado, muito pertinentemente, que foi a União Soviética que derrotou o nazismo, que libertou a humanidade do nazismo. Estou

50 Comunismo e marxismo no Brasil

aqui perante um público "cultivado", porque a média da sociedade come na mão dos intoxicadores mediáticos, que acreditam em Hollywood e pensam que os alemães começaram a ser derrotados em maio de 1944, quando houve aquele desembarque na Normandia*. Quando, na verdade, em maio de 1944, o Exército Vermelho já havia destroçado os nazistas em Stalingrado**, já havia vencido em Kursk***, que foi a maior batalha de tanques da história, e estava entrando na Polônia, praticamente sozinho, com pouquíssimo auxílio externo. Enquanto isso, os franceses tinham capitulado vergonhosamente, e os ingleses consideravam uma grande vitória terem conseguido embarcar em

---

* Referência ao desembarque das tropas dos Aliados (majoritariamente representados por Inglaterra, Estados Unidos e URSS) na Normandia, região Noroeste da França, em 6 de junho de 1944 (o Dia D). O movimento, que é considerado a maior operação anfíbia de guerra de todos os tempos, é tido por muitos como o golpe final nos países do Eixo (Alemanha, Itália e Japão) e pela derrota concreta destes, encerrando assim a Segunda Guerra Mundial. (N. E.)

** Referência à Batalha de Stalingrado, ocorrida entre 17 de julho de 1942 e 2 de fevereiro de 1943, durante a Segunda Guerra Mundial. A batalha resumiu uma operação conduzida pelos alemães e seus aliados contra as tropas soviéticas pela posse da cidade de Stalingrado (atual Volgogrado, na Rússia). Esse embate foi um ponto de viragem da guerra no *front* oriental a partir do qual o Exército Vermelho (soviético) empurraria os alemães de volta a Berlim. É considerada a maior e mais sangrenta batalha de toda a história: aproximadamente 2 milhões de pessoas, entre civis e militares, foram mortas, feridas ou capturadas. (N. E.)

*** Outra batalha, no *front* oriental, entre Alemanha e URSS no âmbito da Segunda Guerra Mundial. A batalha durou de 5 a 16 de julho de 1943, quando a União Soviética, que foi a grande vencedora do combate, respondeu a uma ofensiva alemã em Kursk (cerca de 450 quilômetros a sudoeste de Moscou). (N. E.)

Dunquerque e fugido de volta para sua ilha. E deixaram a União Soviética sozinha, aguentando o peso da agressão nazista. Por isso, acredito que, com todos os defeitos que a União Soviética pudesse ter, foi um desastre para a humanidade o desastre que a destruiu.

O CAPITAL

Livro I: O processo de produção do capital
KARL MARX
Tradução de **Rubens Enderle**
Orelha de **Francisco de Oliveira**
Textos introdutórios de **Jacob Gorender**, **José Arthur Giannotti**, **Louis Althusser**

Livro II: O processo de circulação do capital
KARL MARX
Edição de **Friedrich Engels**
Tradução de **Rubens Enderle**
Prefácio de **Michael Heinrich**
Orelha de **Ricardo Antunes**

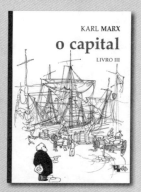

Livro III: O processo global da produção capitalista
KARL MARX
Edição de **Friedrich Engels**
Tradução de **Rubens Enderle**
Apresentação de **Marcelo Dias Carcanholo**
Inclui artigo "O segundo e o terceiro volumes d'O Capital", de **Rosa Luxemburgo**

Roberto Schwarz, João Quartim de Moraes, David Harvey (também conferencista do Seminário "Marx: A Criação Destruidora"), José Arthur Giannotti e Emir Sader no camarim do Sesc Pinheiros, São Paulo. (Foto Ivana Jinkings)

O capital, 150 anos depois

EMIR SADER

É uma grande satisfação estar nesta mesa com José Arthur Giannotti, que foi meu professor de filosofia desde o primeiro ano do curso clássico, no Colégio Estadual e Escola Normal Brasílio Machado, na Vila Mariana – para vocês terem ideia do que era a escola pública naquela época –, e com os colegas de estudo de *O capital,* João Quartim de Moraes e Roberto Schwarz. Infelizmente, por motivos de saúde, não está presente a professora Emília Viotti, outra ativa participante da segunda geração do seminário.

Começo por uma breve fala de caráter mais político. Com o fim da Guerra Fria, Marx foi mais uma vez assassinado, dessa vez por conta de uma quantidade enorme de razões que, bem ou mal, estavam historicamente identificadas com aquele tipo de socialismo que naufragou. A *new economy* dos anos 1990 teorizava que o capitalismo já não sofreria crises, pois passara a ser identificado com dinamismo, eficácia, bem-estar etc. Foi necessário chegarmos a 2008 para que outra palavra fundamental, identificada com Marx, voltasse à baila e passasse a ser a que melhor descreve o capitalismo: a palavra *crise.* Desde o *Manifesto Comunista,* Marx havia reconhecido a formidável capacidade desse sistema para desenvolver as forças produtivas e, em contrapartida, sua incapacidade para distribuir renda de modo que se absorvesse esse desenvolvimento[1].

Dessa forma, de maneira muito simplificada, podemos dizer que toda crise do capitalismo é estrutural, é um desequilíbrio entre produção e consumo, e é isso o que voltou a acontecer. De uma forma muito particular, agora, os próprios economistas contemporâneos começaram a retomar Marx, mas sempre com aquela ideia: "Ele faz um bom diagnóstico, mas suas propostas são horríveis, e politicamente é um desastre". Talvez não seja da forma que gostaríamos, mas ao menos já é uma maneira de resgatar Marx, basicamente porque este explica uma crise que eles não conseguem explicar. E isso é essencial, pois o diagnóstico neoliberal era de que a economia tinha deixado de crescer por conta de excessivas regulamentações. Todo ideário neoliberal pode ser centralizado, unificado na noção de "desregulamentação" – tudo o que eles fazem é desregulamentar –, com a esperança de que o capital volte a investir, a economia, a crescer, e então sobre algo para todo mundo.

Essa era basicamente a bandeira de Ronald Reagan e Margaret Thatcher. Só que eles se esqueceram de uma afirmação de Marx, de que o capital não foi feito para produzir, foi feito para acumular. Desregulamentado o sistema, houve uma transferência gigantesca de capitais do setor produtivo para o setor especulativo, financeiro, com o qual se ganha mais em todos os lugares no mundo: taxas de juros altíssimas, impostos baixíssimos (quando existiam), liquidez total.

---

[1] Friedrich Engels e Karl Marx, *Manifesto Comunista* (São Paulo, Boitempo, 1998).

Foi isso que aconteceu. É isso que o Giannotti mencionou, que está no terceiro volume de *O capital*[2]. É essa autonomização do capital financeiro que acontece agora com a financeirização das economias. Essa questão paradoxal, muito bem analisada pela Maria da Conceição Tavares, que é a dita acumulação financeira. Eis aqui o paradoxo: como é que o capital financeiro, intermediador por definição, pode se acumular? Mas é o que efetivamente acontece no neoliberalismo, há um capital que fica girando em falso, como que suspenso no ar, mas que é o eixo do capitalismo nessa sua era histórica.

Então Marx reapareceu basicamente para nos fazer entender a crise europeia, que não é uma crise de carência, mas uma crise que se dá na riqueza, na administração neoliberal da riqueza, no centro do capitalismo. É aí que ele aparece com sua força extraordinária, com os mecanismos clássicos de acumulação adaptados às circunstâncias atuais. É óbvio que a atualidade do capital tem de ser analisada à luz da contemporaneidade. Dizia György Lukács que o único elemento ortodoxo do marxismo é o método, a dialética, com sua adequação a situações históricas diferenciadas. E é claro que, no período em que Marx ficou relativamente esquecido, uma série de caracterizações nos incitava a não enfrentar a ideia de que a sociedade atual é uma sociedade capitalista, por seus mecanismos de acumulação, de exploração e tudo o mais, pois se tratava de uma sociedade pós-industrial, de serviços, da informática. Dessa forma se esgueirava dos elementos essenciais que devem ser readequados, a começar pela categoria trabalho, que precisa ser redefinida de maneira

---

[2] Karl Marx, *O capital: crítica da economia política*. Livro III: *O processo global da produção capitalista* (São Paulo, Boitempo, 2017).

56 *O capital*, 150 anos depois

muito mais flexível por conta das distintas formas, sofisticadas por um lado e precaríssimas por outro, que assume a força de trabalho. No entanto, a ideia substancial de que vivemos em uma sociedade capitalista está essencialmente posta pela crise europeia, na qual os elementos primários do capitalismo estão presentes.

E o neoliberalismo também, por sua vez, significou uma ritualização, por se tratar da modalidade mais mercantilizada da história do capitalismo – na qual tudo se transforma em mercadoria. O que era direito passa a ser mercadoria para então ser jogado no mercado. Portanto, a esfera essencial do neoliberalismo não é a privada, mas a mercantil, à qual se contrapõe a do bem comum, a esfera pública, que defende a universalização dos direitos. Houve épocas em que o marxismo teve dificuldade para explicar formas históricas para as quais sua versão original não havia sido pensada. Uma delas é o Estado de bem-estar social, uma discussão difícil de entender do ponto de vista de seu valor, além de toda uma série de questões teóricas que ele levanta. E mesmo a União Soviética. Nós criticávamos a União Soviética e dizíamos que o socialismo se via de certa forma em "palpos de aranha". Mesmo com a retomada da ideia de capitalismo de Estado e tudo o mais, ainda se expunham as dificuldades do marxismo tradicional para explicá-la.

Agora não, o capitalismo relativamente se simplificou ao mercantilizar tudo. Coisas que não eram mercadoria foram para o mercado (o professor David Harvey é o melhor teórico sobre essa questão, de esferas que não estavam incorporadas ao mercado e agora estão), e por isso não digo que o neoliberalismo é uma festa para o marxismo. Não é uma festa para ninguém, salvo para o capital especulativo, mas é óbvio que hoje o horizonte de reflexão é muito mais claro para o marxismo, pelo caráter que assume o neoliberalismo, pela destruição do Estado de bem-estar social, como se observa agora na Europa, nesta crise atual, com o solapamento de direitos fundamentais. A maior construção civilizatória da história provavelmente foram os trinta anos gloriosos da história da Europa, com o Estado de bem-estar social que ela está desmantelando neste momento, justamente quando no Sul do mundo, em particular em países da América Latina, mesmo diante da crise, se resiste à repressão e se expandem direitos, se diminui a desigualdade – o que é também um paradoxo imenso.

Duas categorias fundamentais, sem as quais não é possível entender o mundo contemporâneo, são capitalismo (as sociedades atuais são capitalistas em modalidades distintas) e imperialismo. A hegemonia imperial norte-americana emergiu mais forte com o fim da Guerra Fria, assim como a modalidade exacerbada do capitalismo neoliberal. São os dois elementos essenciais para se entender o mundo atual, sem os quais qualquer análise se torna inviável.

A vitória do bloco ocidental na Guerra Fria significou também uma vitória ideológica. Deixou de haver uma economia capitalista e passou a existir *a* economia. "*A* economia está em crise." Da mesma forma, o capitalismo, enquanto categoria, desapareceu. Na realidade são categorias que, por autocensura, por desqualificação ideológica da própria esquerda, foram sumindo. A previsão mais trágica do século XX foi a de Vladimir Lenin, de que esse século seria marcado por guerras interimperialistas. Não deu outra! E o fenômeno sobreviveu às duas guerras mundiais. Por isso acredito que essas são duas categorias essenciais para se resgatar e atualizar.

O futuro do capitalismo neoliberal é uma longa discussão. Segundo Giovanni Arrighi, todo ciclo histórico termina com a hegemonia do capital financeiro.

58 *O capital*, 150 anos depois

Mas depois vem o quê? Ele não deixa claro. Immanuel Wallerstein arriscou uma previsão, que acredito ser totalmente infundada, de que em cinquenta anos o capitalismo vai se extinguir. Pode ser que sim, pode ser que não. Para começar, nenhum sistema econômico acaba por suas próprias contradições internas. Além disso, o capitalismo tem encontrado formas de recomposição e sobrevivência, pois o maior drama histórico contemporâneo é que, no momento em que o capitalismo mostra suas vísceras, seus limites, os chamados fatores subjetivos de construção da sua superação também demonstram um atraso brutal. Não só a desmoralização do socialismo da forma como existia, mas também do mundo do trabalho, do Estado, da política, dos projetos coletivos de solução dos problemas das sociedades, da economia planificada.

A estrutura social promove a desarticulação do mundo do trabalho como ele existia, o que é um retrocesso de um sujeito histórico que continua a ser fundamental. Basta lembrarmos que a França foi chamada, e com razão, de laboratório de experiências políticas por Engels, por tudo o que se passou naquele país, pela força de sua classe trabalhadora. Mas, a partir do momento em que a imigração passou a ter um peso maior ali, a classe trabalhadora foi instrumentalizada pela extrema direita. A maioria da classe operária francesa passou a votar na extrema direita, enquanto os Partidos Comunista e Socialista perderam sua base eleitoral tradicional. É uma mudança brutal.

Mas não é só isso. No plano teórico também. Nos anos 1960 e 1970, a sociologia do trabalho era a "coqueluche" das pesquisas nas ciências sociais. E depois, com a crítica do paradigma da centralidade da contradição entre capital e trabalho, que foi extremamente exacerbada e ofuscou outras contradições, foi-se ao oposto. O trabalho passou a ser uma categoria setorial. Parece que as pessoas *também* trabalham, assim como jogam pingue-pongue, nadam...

E o que atravessaria tudo isso, segundo várias ONGs, seriam as questões ecológicas. Mas o trabalho segue sendo a atividade que ocupa grande parte da vida da maioria da humanidade. O resgate da categoria trabalho, em suas múltiplas e complexas modalidades, também é essencial para se recompor os fatores subjetivos como eles realmente existem. Talvez não nos termos tradicionais, porque hoje se multiplicam as formas de trabalho heterogêneas, como as cooperativas, as múltiplas atividades de serviço, entre tantas outras.

Eu diria então que nossa maior tragédia histórica é esta: que os fatores subjetivos também retrocederam. Porque em geral o catastrofismo que floresce livremente na esquerda só leva em conta as dificuldades do capitalismo e se esquece de que há uma correlação de forças. Basta nos perguntarmos quais são os campos que estão se enfrentando. Temos de ter clareza de que os fatores subjetivos também estão absoluta-mente desarticulados, enfraquecidos. O anticapitalismo foi apenas um retrocesso imenso em escala histórica. Eu não faço tanta questão de que se fale do socialismo, bastaria falar de capitalismo e anticapitalismo, eu já estaria muito feliz! Mas a própria tematização do capitalismo como tal, como sistema, foi desaparecendo do campo da esquerda. "Tudo bem! Hoje tem uma luta antineoliberal!" Mas antineoliberal é o quê? É uma modalidade exacerbada do capitalismo.

Por isso acho que a previsão de Wallerstein faz muito mal à esquerda. Todo catastrofismo se equivoca, pois não leva em consideração as contratendências. Nossa geração viveu o catastrofismo malthusiano, não é mesmo? A população cresceria, não haveria comida suficiente e todo mundo mor-reria de fome. Hoje se produzem alimentos para o dobro da

60   *O capital*, 150 anos depois

população mundial, os quais não são repartidos da melhor forma. Mas as contratendências produziram isso.

Essa visão se reflete também na questão do papel dos movimentos sociais, que tendem a substituir os partidos políticos sem possuírem, no entanto, uma dinâmica de estratégia política. Dessa forma eles acabam servindo de caldo de cultura para tais visões catastrofistas. A edição do Fórum Social Mundial em Belém do Pará, no início da crise internacional, foi de festa! O capitalismo estava acabando! E não se discutiram alternativas e estratégias.

Tudo isso, acredito, está presente em Marx. E, se para a direita o Marx político é uma tragédia, para nós ele é um laboratório. Seus livros de estratégia política publicados pela Boitempo, que mostram sua faceta de analista e estrategista político, são extraordinários! O próprio fato de ele ter participado da criação da Internacional* foi um passo de uma audácia imensa, extraordinária, naquela época. A análise que ele faz da Comuna de Paris é formidável. Depois, Lenin introduziu o tema do partido, e Gramsci, as questões ideológicas, e assim se compôs um quadro geral de referências indispensáveis a qualquer análise e formulação de estratégias alternativas.

Esse é um desafio enorme do nosso tempo. A intelectualidade latino-americana sempre teve uma posição de vanguarda com relação aos processos históricos, mas agora isso não acontece. Bem ou mal, a América Latina está vivendo experiências novas, de resistência à recessão. Em outras circunstâncias a crise internacional nos teria levado à bancarrota. Mas agora resistimos, retomamos o crescimento

---

* A Associação Internacional dos Trabalhadores, conhecida como Primeira Internacional, foi fundada em 1864 e teve Karl Marx entre seus dirigentes. (N. E.)

econômico com distribuição de renda, desenvolvimento social, uma política que privilegia a integração regional e não os tratados de livre-comércio com os Estados Unidos. Mas as elaborações teóricas ficaram muito para trás. Há ainda um certo elitismo na academia que dificulta a análise de experiências tão importantes como as da Bolívia e do Equador, por exemplo.

Ocorre, então, uma subestimação da riqueza histórica e política dos desafios que esses países colocam para o marxismo contemporâneo. E a intelectualidade latino--americana, seja porque está muito refluída na universidade, seja porque o neoliberalismo devastou certos setores, seja porque às vezes a ultraesquerda é um refúgio cômodo, não acompanha esse importante processo histórico. Porque o intelectual olha para a teoria do marxismo e a acha linda, então olha para a realidade, e esta não é! Mas o drama é que ele tende a preferir a teoria e acusar a realidade de não corresponder a seus sonhos. Ele interpela a realidade a partir da teoria, quando devemos interpelar a teoria a partir da realidade, valendo-nos do marxismo como proposto por Lukács, como método, que é seu elemento permanente, para analisar as novas realidades com a aplicação da dialética às condições históricas e políticas contemporâneas.

O capital é um livro extraordinário. Até o Seminário de *O capital*, tudo o que tínhamos para ler de Marx era "Salário, preço e lucro"[3] e "Trabalho assalariado e capital"[4],

---

[3] Karl Marx, "Salário, preço e lucro", em *Manuscritos econômico--filosóficos e outros textos escolhidos* (org. José Arthur Giannotti, trad. Leandro Konder, 2. ed., São Paulo, Abril Cultural, 1978, Coleção Os Pensadores).

[4] Karl Marx, "Trabalho assalariado e capital", em Friedrich Engels e Karl Marx, *Obras escolhidas de Marx e Engels* (Lisboa, Avante, 1982).

62 *O capital*, 150 anos depois

além, é claro, do *Manifesto Comunista*. Por isso, participar do seminário representou um salto teórico enorme para todos nós, uma experiência fora de série. A cada quinze dias nos reuníamos na casa de um dos participantes, líamos cerca de cinquenta páginas e discutíamos coletivamente.

Eu mesmo, por conta dessa experiência, tive a audácia de escrever um livro, minha dissertação de mestrado, cujo título era *Estado e política em Marx**, talvez meu melhor trabalho, que escrevi enquanto lecionava e militava. Aliás, o professor Giannotti, aqui presente, foi um duro crítico dela quando participou de minha banca, que contou ainda com Bento Prado Júnior e a direção de Ruy Fausto. Imaginem o que era o mestrado naquela época! Tive de aprender alemão para ler Marx no original e poder escrever a dissertação, defendida em julho de 1968. Com a Faculdade de Filosofia da rua Maria Antônia tomada por conta da greve de Osasco, foi necessário quebrar o vidro do salão da congregação para poder entrar e fazer a defesa.

Para concluir, vou relembrar uma anedota sobre a atualidade de Marx. Quando do centenário da publicação de *O capital*, um jornalista inglês forjou o que seria uma entrevista com esse autor. Depois de ser bombardeado com questões relacionadas à história do século XX, Marx teria respondido: "Veja bem, meu caro. Toda a minha obra foi rigorosamente verdadeira durante cinquenta anos. A partir de então, cabe a vocês interpretá-la".

---

* Primeira dissertação sobre Marx defendida na Universidade de São Paulo, foi publicada pela Boitempo em 2014. (N. E.)

Índice onomástico

Adorno, Theodor (1903-1969), *p. 34*
Filósofo, sociólogo e musicólogo alemão, integrante da Escola de Frankfurt, é conhecido por seus estudos sobre a indústria cultural, fundamentados principalmente pela dialética. É autor de, entre outros, *Minima moralia* (1945), *Dialética do esclarecimento* (com Max Horkheimer) (1947) e *Dialética negativa* (1966).

Andrade, Carlos Drummond de (1902-1987), *p. 19*
Poeta, contista e cronista, tido por muitos como um dos intelectuais mais importantes do século XX no Brasil, foi um dos expoentes da segunda geração modernista. Publicou, entre outros, *Alguma poesia* (1930), *Sentimento do mundo* (1940) e *A rosa do povo* (1945).

Andrade, Mário de (1893-1945), *p. 19*
Influente intelectual brasileiro da primeira metade do século XX, foi escritor, poeta, ensaísta, musicólogo, folclorista e dramaturgo. Participou efetivamente da organização da Semana de Arte Moderna de 1922 e foi autor de, entre outros, *Pauliceia desvairada* (1922), *Amar, verbo intransitivo* (1927) e *Macunaíma* (1928).

64 Nós que amávamos tanto *O capital*

Andrade, Oswald de (1890-1954), *p. 19*
Escritor, poeta, ensaísta e dramaturgo brasileiro, foi um dos promotores da Semana de Arte Moderna de 1922. Escreveu o "Manifesto da Poesia Pau-Brasil" (1924) e o "Manifesto Antropófago" (1928), importantes libelos modernistas publicados em periódicos da época. É autor de, entre outros, *Memórias sentimentais de João Miramar* (1924) e *Serafim Ponte Grande* (1933).

Arendt, Hannah (1906-1975), *p. 36*
Filósofa alemã de família judaica, deixou a Alemanha em 1933, por conta da ascensão do nazismo e passou pela Tchecoslováquia, Suíça e França antes de finalmente emigrar para os Estados Unidos, onde morou até o fim da vida. Ainda em seu país natal, foi aluna de Martin Heidegger. Suas obras mais importantes são *As origens do totalitarismo* (1951) e *Eichmann em Jerusalém: um relato sobre a banalidade do mal* (1963).

Arrighi, Giovanni (1937-2009), *p. 57*
Economista italiano, dedicou-se especialmente à economia política. Na Itália, foi um dos fundadores do Gruppo Gramsci, de orientação comunista, que se dedicava à ação política nas fábricas dos arredores de Milão. Doutor em economia, Arrighi foi titular da cadeira de sociologia da Universidade John Hopkins, de Baltimore (EUA), e parceiro de Immanuel Wallerstein em diversas obras. É autor de, entre outros, *O longo século XX*.

Barbosa, Júlio Caetano Horta (1881-1965), *p. 40*
Militar e sertanista brasileiro, aos quinze anos combateu na Guerra de Canudos. Após a Revolução de 1930, que levou Getulio Vargas ao poder, combateu o chamado Movimento Constitucionalista de 1932. Foi presidente do Clube Militar, entre 1936 e 1937, e um grande defensor da campanha pela estatização do petróleo brasileiro, chegando, em 1938, a presidir

o Conselho Nacional do Petróleo. Mais tarde, em 1950, foi eleito vice-presidente do Clube Militar na chapa de esquerda, dirigida por Newton Estillac Leal.

Bonaparte, Luís (1808-1873), *p. 24, 47*
Sobrinho de Napoleão Bonaparte, foi o primeiro presidente da Segunda República Francesa e, mais tarde, imperador da França durante o Segundo Império Francês (1852-1870). Tentou manter a hegemonia francesa no continente europeu e ordenou incursões imperialistas ou apenas militaristas em outras partes do mundo, como no México, na Argélia e na China. A instabilidade política e os problemas financeiros da França o enfraqueceram e, durante a Guerra Franco-Prussiana, foi capturado pelo exército inimigo e assinou a capitulação de seu país, o que causou sua deposição pela Assembleia Nacional. Após alguns meses preso na Alemanha, foi enviado ao exílio em Chislehurst, na Inglaterra, onde veio a morrer.

Bukharin, Nikolai (1888-1938), *p. 31*
Jornalista, teórico e revolucionário bolchevique, tornou-se mais tarde um político soviético e colaborador próximo de Vladimir Lenin. Após alguns anos no exílio, retornou à Rússia durante a Revolução de Outubro de 1917, sendo um dos líderes do levante bolchevique de Moscou. Com a morte de Lenin, alinha-se a Trotski e, em 1937, após ser preso, confessa a intenção de assassinar Stalin, pelo que foi condenado à morte.

Cardoso, Fernando Henrique (1931), *p. 8, 18, 25*
Sociólogo, professor universitário e político, foi o 34º presidente do Brasil. Doutorou-se em ciência política pela Universidade de São Paulo (USP) em 1961 e, em 1962, cursou pós-graduação no Laboratoire de Sociologie Industrielle da Universidade de Paris. Ajudou a fundar o Partido da Social-Democracia Brasileira (PSDB), em 1988. Publicou, entre outros, *Capitalismo e escravidão*

66 Nós que amávamos tanto *O capital*

no Brasil Meridional (1962) e (com Enzo Faletto) *Dependência e desenvolvimento na América Latina* (1967).

Cardoso, Ruth (1930-2008), *p. 9, 18*
Formou-se, em 1952, em ciências sociais pela Universidade de São Paulo (USP) e especializou-se na área da antropologia. Em 1995, quando o marido, Fernando Henrique Cardoso, se tornou presidente do Brasil, Ruth foi responsável pela extinção da Liga Brasileira de Assistência (LBA), entidade assistencialista tradicionalmente presidida por primeiras-damas, e pela criação da Comunidade Solidária, que visava o fortalecimento da sociedade civil. Participou da primeira geração do seminário da USP sobre *O capital.*

Chaui, Marilena (1941), *p. 19*
Filósofa brasileira formada pela Universidade de São Paulo (USP), em 1965, e pós-graduada na França. Em 1980, ajudou a fundar o Partido dos Trabalhadores (PT) e, na gestão de Luiza Erundina na Prefeitura de São Paulo, ocupou o cargo de secretária da Cultura. Em 1987, tornou-se professora titular de filosofia da USP. Integrou a segunda geração do seminário da USP sobre *O capital.* Dentre suas obras, destacam-se os volumes originados de sua tese de livre-docência sobre Espinosa, *A nervura do real* (1999).

Costa, Albertina Oliveira (1943), *p. 19*
Socióloga formada pela Universidade de São Paulo (USP) em 1964, é pesquisadora de questões de gênero e editora da revista *Cadernos de Pesquisa*, da Fundação Carlos Chagas. Fez parte da segunda geração do Seminário de *O capital.*

Costa, Emília Viotti da (1928), *p. 8, 9, 12, 18*
Historiadora formada em 1954 pela Universidade de São Paulo (USP), onde também lecionou de 1964 a 1969, quando foi

aposentada compulsoriamente e presa pelo regime militar. Em 1973 começou a dar aulas nos Estados Unidos como professora de História da América Latina na Universidade de Yale. Foi integrante da segunda geração do seminário da USP sobre *O capital*. Dentre suas obras destacam-se *Da senzala à Colônia* (1966), *Da Monarquia à República: momentos decisivos* (1977) e *A abolição* (1982).

Della Volpe, Galvano (1895-1968), *p. 31*
Professor e filósofo marxista italiano, contrapunha-se à linha gramsciana adotada pelo Partido Comunista da Itália, do qual era integrante. Notabilizou-se por desenvolver uma interpretação estética materialista. Dentre suas principais obras destaca-se *La teoria marxista dell'emancipazione umana. Saggio sulla trasmutazione marxista dei valori* [A teoria marxista da emancipação humana. Ensaio sobre a transmutação marxista de valores] (1945).

Fausto, Ruy (1935), *p. 9, 18, 19, 62*
Formou-se em filosofia (1956) e em direito (1960) pela Universidade de São Paulo (USP) e doutorou-se em filosofia pela Universidade Paris I – Panthéon Sorbonne em 1981. Obteve, em 1989, a livre-docência pela USP, instituição da qual é hoje professor emérito. Publicou, entre outros, *Marx: lógica e política*, em três tomos (1983, 1987 e 2002).

Ferro, Sérgio (1938), *p. 18-9*
Artista plástico e arquiteto formado em 1962 pela Universidade de São Paulo (USP), onde logo depois se tornou professor-assistente de História da Arte. Formou, com Rodrigo Lefèvre e Flávio Império, o grupo Arquitetura Nova, que, sob influência do Partido Comunista Brasileiro, desenvolveu projetos relativamente simples com o intuito de ampliar acesso à arquitetura. Com a ditadura militar, mudou-se para a França em 1972, onde vive até hoje. Foi integrante da segunda geração do seminário da USP sobre *O capital*.

68   Nós que amávamos tanto *O capital*

Franco, Maria Sylvia de Carvalho (1930), *p. 9, 19*
Socióloga brasileira formada na Universidade de São Paulo
(USP) em 1952. Doutorou-se em 1964, sob orientação de
Florestan Fernandes, e lecionou na USP e na Universidade
Estadual de Campinas (Unicamp). Sua tese deu origem ao hoje
clássico *Homens livres na ordem escravocrata* (1969). Integrou
a segunda geração do seminário de estudos de *O capital*.

Freud, Sigmund (1856-1939), *p. 19*
Neurologista de formação, foi o criador da psicanálise. Dentre as
várias obras que escreveu, destacam-se *A interpretação dos sonhos*
(1900), *O ego e o id* (1923) e *O mal-estar na civilização* (1930).

Gorender, Jacob (1923-2013), *p. 12, 42*
Historiador e cientista social brasileiro alinhado ao marxismo,
integrou a Força Expedicionária Brasileira em combate durante
a Segunda Guerra Mundial. De volta ao Brasil, passou a militar
pelo Partido Comunista do Brasil (PCB), do qual integrou o
comitê central. Foi preso e torturado durante o regime militar e,
após sua soltura, dedicou-se ao estudo da formação social brasileira. É autor de diversos ensaios e, dentre seus livros publicados,
destacam-se *O escravismo colonial* (1978), *A burguesia brasileira*
(1981) e *Marxismo sem utopia* (1999).

Gramsci, Antonio (1891-1937), *p. 31, 60*
Jornalista, político e teórico marxista italiano, um dos fundadores
e secretário-geral do Partido Comunista da Itália, é conhecido por
sua teoria da hegemonia cultural, que demonstra como o Estado
se vale das instituições culturais para conservar o poder. Foi preso
durante o regime fascista de Benito Mussolini, em 1926, e veio
a falecer por falta de tratamento médico logo após ser libertado,
dez anos depois. Sua obra é dividida entre antes e depois de sua
prisão, destacando-se mais as desta última fase, os *Cadernos do cárcere*.

Guimarães, Alberto Passos (1908-1993), *p. 12, 42*
Jornalista e ensaísta brasileiro, originário de Maceió (AL), integrava a cena intelectual daquela cidade, junto de Aurélio Buarque de Holanda, Graciliano Ramos e Rachel de Queiroz. Em 1931, com Valdemar Cavalcanti, fundou a revista *Novidade*. A partir de 1932 torna-se militante do Partido Comunista do Brasil (PCB), o que se estendeu por toda a vida. Dentre suas principais obras estão *Inflação e monopólio no Brasil: por que sobem os preços?* (1962) e *Quatro séculos de latifúndio* (1963).

Harvey, David (1935), *p. 56*
Geógrafo britânico marxista, nasceu em Gillinghan, Inglaterra, em 1935, e desde 1969 vive nos Estados Unidos, onde leciona na City University de Nova York. É autor de *Condição pós-moderna* (1989), *O enigma do capital e as crises do capitalismo* (2010), *Para entender o capital – Livro I* (2010) e *Para entender o capital – Livros II e III* (2013), entre outros.

Habermas, Jürgen (1929), *p. 34*
Filósofo e sociólogo alinhado à teoria crítica e identificado frequentemente como representante da segunda geração da Escola de Frankfurt, principalmente por ter iniciado seus estudos sob a tutela de Theodor Adorno e Max Horkheimer. Publicou, entre muitas outras obras, *Mudança estrutural da esfera pública* (1962), *Teoria e práxis* (1963) e *Teoria do agir comunicativo* (1981).

Heidegger, Martin (1889-1976), *p. 35*
Filósofo alemão cujo pensamento é geralmente associado à fenomenologia e ao existencialismo. Trabalhou na Universidade de Friburgo como assistente do filósofo e matemático Edmund Husserl, de quem mais tarde se distanciaria quando da publicação de *Ser e tempo* (1927), sua obra mais importante. É considerado uma figura controversa, principalmente por

70　Nós que amávamos tanto *O capital*

ter se filiado ao Partido Nazista em 1933, ano em que Hitler chegou ao poder.

Hilferding, Rudolf (1877-1941), *p. 47*
Médico, jornalista e economista marxista de origem austríaca, foi um dos líderes do Partido Social-Democrata da Alemanha durante a República de Weimar e ministro das Finanças da Alemanha em 1923 e de 1928 a 1929. Sua obra mais conhecida é *Das Finanzkapital* [O capital financeiro], que exerceu grande influência sobre o pensamento de Lenin. Foi assassinado pelos nazistas após ser detido pela Gestapo na França, onde tinha se exilado.

Hobson, John Atkinson (1858-1940), *p. 47*
Economista inglês crítico do imperialismo, demonstrou que o crédito, e não a poupança, é a mola financeira da acumulação capitalista, com o que antecipou as visões de Joseph Schumpeter e John Maynard Keynes. De sua vasta obra destacam-se *The Economics of Distribution* (1900), *Imperialism: A Study* (1902) e *International Trade* (1904).

Horkheimer, Max (1895-1973), *p. 34*
Filósofo e sociólogo alemão, um dos pilares da Escola de Frankfurt, suas principais formulações se relacionam ao conceito da "razão instrumental", aquela que é operacionalizada pela ciência no capitalismo e à qual se opõe a "razão crítica". Dentre as obras que publicou destacam-se *Dialética do esclarecimento* (com Theodor Adorno) (1947), *Eclipse da razão* (1947) e *Crítica da razão instrumental* (1967).

Ianni, Octavio (1926-2004), *p. 8, 12-3, 18*
Sociólogo formado pela Universidade de São Paulo (USP), em 1954, assumiu, nessa instituição, a cadeira de sociologia, cujo titular era Florestan Fernandes. Aposentado compulsoriamente pela

ditadura militar, passou a lecionar na Pontifícia Universidade Católica de São Paulo (PUC-SP) e, mais tarde, no fim da década de 1990, na Universidade Estadual de Campinas (Unicamp), onde recebeu o título de professor emérito. Faleceu em 2004, deixando obras como *Estado e capitalismo* (1965), *Raças e classes sociais no Brasil* (1966) e *Teorias da globalização* (1996).

Justo, Juan (1865-1928), *p. 39*
Médico, jornalista e político argentino, fundador do Partido Socialista daquele país em 1896 e o primeiro a traduzir *O capital*, de Karl Marx, diretamente do alemão para o espanhol.

Kant, Immanuel (1724-1804), *p. 34*
Filósofo prussiano, expressão maior do *Aufklärung*, o iluminismo alemão, é reconhecido principalmente por seus estudos epistemológicos sobre o idealismo transcendental, segundo o qual a mente humana possui formas e conceitos *a priori* que possibilitam a experiência concreta do mundo. Suas obras de maior expressão são *Crítica da razão pura* (1781), *Crítica da razão prática* (1788) e *Crítica do julgamento* (1790).

Kautsky, Karl (1854-1938), *p. 31*
Filósofo, jornalista e teórico marxista de origem tcheco-austríaca, amigo de Friedrich Engels, foi um dos fundadores da ideologia social-democrata. Após a morte de Engels, passou a adotar posições oportunistas. Por sua capitulação perante o "social-patriotismo", em 1914, foi classificado por Lenin como "renegado".

Leal, Newton Estillac (1893-1955), *p. 40*
Militar brasileiro, teve participação em diversos levantes tenentistas, como a Revolta dos 18 do Forte de Copacabana, a Revolta Paulista de 1924, tida como o maior conflito bélico da cidade de São Paulo, e a Revolução de 1930, que levou Getulio Vargas

ao poder e encerrou o ciclo da República Velha. Em 1950 foi eleito presidente do Clube Militar pela chapa de esquerda, destacando-se na campanha em defesa do petróleo brasileiro.

Lefebvre, Henri (1901-1991), *p. 31*
Filósofo e sociólogo marxista heterodoxo de origem francesa, crítico de certas teses de Louis Althusser, dedicou-se a estudar questões ligadas à comunicação e ao espaço urbano, publicando mais de setenta livros, dos quais destacam-se *O direito à cidade* (1968), *A revolução urbana* (1970) e *La Production de l'espace* [A produção do espaço] (1974).

Lenin, Vladimir (1870-1924), *p. 11, 23, 31, 46-7, 57, 60*
Teórico e revolucionário comunista, começou suas atividades políticas no Partido Operário Social-Democrata Russo (POSDR), o que lhe custou sua prisão e exílio por três anos. Após a Revolução Russa de fevereiro de 1917, retornou à Rússia e foi um dos líderes da Revolução de Outubro, que destituiu o governo provisório e o substituiu por um do Partido Bolchevique. Ocupou então o cargo de Presidente do Conselho de Comissários do Povo da recém-criada República Socialista Federativa Soviética Russa até sua morte.

Lukács, Györky (1885-1971), *p. 24, 35, 55, 61*
Filósofo e crítico literário marxista de nacionalidade húngara, um dos mais influentes teóricos marxistas do século XX. Dentre suas obras destacam-se *A teoria do romance* (1916), *História e consciência de classe* (1923), e *Para uma ontologia do ser social* (1976).

Luxemburgo, Rosa (1871-1919), *p. 23, 31*
Economista e filósofa nascida na Polônia e de cidadania alemã, foi uma incansável militante comunista que atuou na Social-Democracia da Polônia (SDKP), no Partido

Social-Democrata da Alemanha (SPD) e no Partido Social--Democrata Independente da Alemanha (USPD). Ao lado de Karl Liebknecht, fundou a Liga Espartaquista, que viria a ser o Partido Comunista da Alemanha (KPD). Presa diversas vezes, acabou assassinada numa emboscada até hoje não esclarecida (o mais aceito é que Rosa tenha sido executada por um grupo paramilitar alemão mercenário, mas a autoria do crime permanece desconhecida). É autora de consistente obra, da qual se destacam *Reforma ou revolução?* (1900), *A acumulação do capital* (1913) e *A Revolução Russa* (1918).

Milan, Betty (1944), *p. 19*
Psiquiatra, psicanalista e romancista, formou-se em medicina pela Universidade de São Paulo (USP) em 1968 e doutorou-se em psiquiatria pela mesma instituição em 1973. Em 1974, morando na França, tornou-se assistente de Jacques Lacan, na Universidade de Paris VIII. De volta ao Brasil, em 1988, passou a se dedicar à literatura e a colaborar com a imprensa. Fez parte da segunda geração do seminário da USP sobre *O capital.*

Nobre, Marcos (1965), *p. 34*
Professor livre-docente de filosofia da Universidade Estadual de Campinas (Unicamp), é pesquisador do Centro Brasileiro de Análise e Planejamento (Cebrap), onde desenvolve estudos de filosofia e política alinhados à teoria crítica. Publicou, entre outros, *A teoria crítica* (2004), *Choque de democracia* (2013) e *Imobilismo em movimento* (2013).

Novais, Fernando (1933), *p. 8, 9, 18*
Historiador formado em 1958 pela Universidade de São Paulo (USP), onde também lecionou de 1961 a 1985. Em 1986 passa a lecionar na Universidade Estadual de Campinas (Unicamp) e, posteriormente, em diversas universidades estrangeiras, como

74 Nós que amávamos tanto *O capital*

a Universidade de Paris III – Sorbonne Nouvelle (França). Sua tese de doutorado, defendida em 1973, *Portugal e Brasil na crise do antigo sistema colonial (1777-1808)*, é hoje um clássico da historiografia brasileira.

Pollock, Friedrich (1894-1970), *p. 34*
Sociólogo e economista marxista alemão, foi um dos fundadores da teoria crítica da Escola de Frankfurt, sendo responsável pelo embasamento econômico do pensamento do grupo. É conhecido por seus estudos sobre capitalismo de Estado. Suas principais obras são *Die planwirtschaftlichen Versuche in der Sowjetunion* [Tentativas de economia planejada na União Soviética] (1929) e *Automation: Materialien zur Beurteilung der ökonomischen und sozialen Folgen* [Automação: materiais para a avaliação das consequências econômicas e sociais] (1956).

Prado Júnior, Bento (1937-2007), *p. 9, 62*
Foi professor de filosofia da Universidade Federal de São Carlos (Ufscar) e da Universidade de São Paulo (USP). Seus trabalhos se estendem a áreas como história da filosofia, filosofia da mente e da linguagem e epistemologia da psicologia. É autor de, entre outros, *Filosofia da psicanálise* (1991) e *Erro, ilusão, loucura* (2004).

Prado Jr., Caio (1907-1990), *p. 12, 13, 15, 20, 30, 41*
Historiador, geógrafo e político, inaugurou no Brasil uma tradição historiográfica ligada ao marxismo. Era filiado ao Partido Comunista do Brasil (PCB) e foi eleito deputado por essa agremiação em 1945, mas teve seu mandato cassado em 1947 por conta do golpe jurídico que também suspendeu o registro do partido (ver nota 1, p. 40). Sua obra mais importante, *Formação do Brasil contemporâneo* (1942), lançou nova luz sobre o processo colonizador no país e é hoje um clássico da historiografia nacional.

Prestes, Luiz Carlos (1898-1990), *p. 40*
Militar e político, organizou o movimento que depois seria conhecido por seu nome, a Coluna Prestes, junto com Juarez Távora e Miguel Costa. O movimento, que entre 1925 e 1927 marchou por 25 mil quilômetros no território brasileiro e de outros países sul-americanos, chegou a ter um efetivo de aproximadamente 1.500 componentes, que tentavam convencer a população, durante a República Velha, a exigir reformas como o voto secreto e a universalização do ensino primário público. Mais tarde, por pressão do Partido Comunista da União Soviética (PCUS), foi integrado aos quadros do Partido Comunista do Brasil (PCB), do qual foi secretário-geral.

Ramos, Graciliano (1892-1953), *p. 19*
Escritor, jornalista e político brasileiro, foi preso em 1936 sob a acusação de ter participado da Intentona Comunista de 1935, durante o governo de Getulio Vargas, e libertado em 1937. Em 1945, ingressou no Partido Comunista do Brasil (PCB). Dentre seus romances destacam-se *São Bernardo* (1934), *Angústia* (1936) e *Vidas secas* (1938).

Reagan, Ronald (1911-2004), *p. 54*
Presidente dos Estados Unidos no período 1981-1989, foi um dos grandes representantes do neoliberalismo, implementado em seu país durante seu mandato e difundido para o restante do mundo.

Ricardo, David (1772-1823), *p. 32, 35*
Economista e político inglês, é considerado, ao lado de Adam Smith e Thomas Maltus, um dos fundadores da escola de economia política inglesa, cuja teoria do valor-trabalho foi criticada por Marx. Sua principal obra é *Princípios da economia política e tributação* (1817).

76 Nós que amávamos tanto *O capital*

Santos, Célia Nunes Galvão Quirino dos (1930), *p. 19*
Formou-se em ciências sociais pela Universidade de São Paulo (USP), em 1954, e fez seu mestrado, em 1958, e doutorado, em 1982, em ciência política pela mesma instituição. Em 1988 concluiu o pós-doutorado na Universidade George Washington, nos Estados Unidos. Foi professora da Universidade de São Paulo (USP) e da Pontifícia Universidade Católica de São Paulo (PUC-SP). Integrou a segunda geração do seminário de *O capital*.

Santos, José Francisco Fernandes Quirino dos (1936), *p. 19*
Formado em ciências sociais pela Universidade de São Paulo (USP), em 1963, com mestrado, em 1967, e doutorado, em 1985, em antropologia social pela mesma instituição, completou seus estudos de pós-doutorado em epidemiologia clínica pela Faculdade de Medicina da Universidade de Toronto, em 1991. Foi professor da USP, instituição pela qual se aposentou, e da Universidade Federal de São Paulo (Unifesp). Integrou a segunda geração do Seminário de *O capital*.

Singer, Paul (1932), *p. 9, 18, 23*
Economista nascido em Viena, na Áustria, em 1932, formou-se pela Universidade de São Paulo (USP) em 1959 e, em 1960, tornou-se professor-assistente dessa instituição. Em 1980, ajudou a fundar o Partido dos Trabalhadores (PT) e, mais tarde, ocupou cargos nas gestões petistas de Luiza Erundina, na Prefeitura de São Paulo, nos dois governos Lula e no primeiro de Dilma Rousseff. Dentre suas obras destacam-se *Desenvolvimento econômico e evolução urbana* (1969), *A formação da classe operária* (1985) e *Uma utopia militante: repensando o socialismo* (1998).

Sodré, Nelson Werneck (1911-1999), *p. 12, 15, 40-1*
Militar e historiador brasileiro, publicou obras como *História da*

literatura brasileira (1940) e *Orientações do pensamento brasileiro* (1942). Com o golpe militar de 1964 teve seus direitos políticos cassados, mas decidiu permanecer no Brasil, publicando muitos volumes sobre história, sociedade e cultura brasileiras, além de outros mais teóricos, como *Fundamentos da economia marxista* (1968) e *Fundamentos da estética marxista* (1968).

Sola, Lourdes (1942), *p. 19*
Formada em ciências sociais pela Universidade de São Paulo (USP), em 1966, concluiu a pós-graduação em economia política pela Universidade do Chile em 1973. Após passar por diversas instituições norte-americanas, obteve a livre-docência em ciência política pela USP em 1994. Desde 1961 integra o quadro docente dessa instituição. Participou da segunda geração do seminário de *O capital*.

Tavares, Maria da Conceição (1930), *p. 55*
Economista portuguesa naturalizada brasileira, é professora titular da Universidade Estadual de Campinas (Unicamp) e professora emérita da Universidade Federal do Rio de Janeiro (UFRJ). Dentre suas obras publicadas destacam-se *Da substituição de importações ao capitalismo financeiro* (1972) e *Acumulação de capital e industrialização no Brasil* (1986).

Thatcher, Margaret (1925-2013), *p. 54*
Primeira-ministra inglesa no período 1979-1990, é considerada a patrona do neoliberalismo político e econômico.

Vouga, Claudio (1940), *p. 19*
Sociólogo e cientista político, formou-se em ciências sociais pela Universidade de São Paulo (USP), em 1962, onde também concluiu o mestrado, em 1964, e doutorou-se, em 1987. Ali lecionou até se aposentar. Foi integrante da segunda geração do seminário de *O capital*.

78 Nós que amávamos tanto *O capital*

Wallerstein, Immanuel (1930), *p. 58-9*
Sociólogo estadunidense nascido em Nova York, em 1930, é conhecido por criar o conceito de "sistema-mundo". De sua vasta obra publicada destacam-se *O fim do mundo como o concebemos* (1999) e *World-System Analysis: an Introduction* (2004).

Weber, Max (1864-1920), *p. 21, 35*
Jurista e economista alemão, foi um dos fundadores da sociologia enquanto ciência objetiva e independente e como disciplina acadêmica. No entanto, sua influência também pode ser notada no direito, na economia e na ciência política. Dentre suas principais obras destacam-se *A ética protestante e o espírito do capitalismo* (1904) e *Economia e sociedade* (1925).

Wittgenstein, Ludwig (1889-1951), *p. 36*
Filósofo austríaco naturalizado britânico, trabalhou com questões de lógica, filosofia da linguagem e filosofia matemática. Suas obras mais importantes são o *Tractatus logico-philosophicus* (1921), praticamente a única publicada em vida, e *Investigações filosóficas*, a mais importante organizada após sua morte.

Sobre os autores

EMIR SADER é formado em filosofia pela Faculdade de Filosofia, Letras e Ciências Humanas da Universidade de São Paulo e coordenador-geral do Laboratório de Políticas Públicas da Universidade Estadual do Rio de Janeiro (Uerj). Foi secretário--executivo do Conselho Latino-Americano de Ciências Sociais (Clacso) e presidente da Associação Latino-Americana de Sociologia. Autor de *Estado e política em Marx* (Boitempo, 2014), é colunista do *Brasil 247* e comentarista da Rede Brasil Atual.

JOÃO QUARTIM DE MORAES é professor colaborador na Unicamp, onde aposentou-se como professor titular, e pesquisador do CNPq, com ênfase em história do pensamento político, instituições brasileiras, materialismo antigo e moderno e marxismo. Graduou-se em ciências jurídicas e sociais e em filosofia na USP e doutorou-se na Fondation Nationale de Science Politique da Academia de Paris. É autor de *Epicuro: as luzes da ética* (Moderna, 1998) e organizador de *História do marxismo no Brasil* (Unicamp, 2007).

JOSÉ ARTHUR GIANNOTTI é professor emérito da Faculdade de Filosofia, Letras e Ciências Humanas da Universidade de São Paulo, onde ingressou em 1950. Sua tese de livre-docência, *Origens da dialética do trabalho*, defendida na USP em 1965, foi orientada por Gilles Gaston Granger. Participou da fundação do Partido dos Trabalhadores, mas logo dele se afastou. É autor de *Trabalho e reflexão* (Brasiliense, 1983), *O jogo do belo e do feio* (Companhia das Letras, 2005) e *Lições de filosofia primeira* (Companhia das Letras, 2011).

ROBERTO SCHWARZ nasceu em Viena e naturalizou-se brasileiro. É graduado em ciências sociais pela USP, com mestrado em literatura comparada na Universidade de Yale e doutorado na Universidade de Paris III, Sorbonne. Autor dos clássicos *Ao vencedor as batatas* (Duas Cidades, 1977) e *Um mestre na periferia do capitalismo* (Duas Cidades, 1990), é crítico literário marxista, tido como um dos principais continuadores da tradição inaugurada por Antonio Candido.

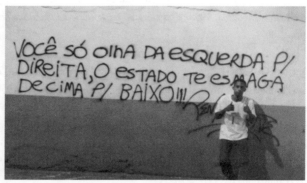

Rafael Braga Vieira em frente à Casa do Albergado Cel. PM Francisco Spargoli Rocha, em Niterói (outubro de 2014). Por conta da divulgação desta imagem ele foi punido com seus primeiros dez dias de solitária.

Finalizado em 20 de abril de 2017 – dia em que o TRJ condenou Rafael Braga Vieira, jovem, negro, ex-catador de latas e único a permanecer preso em consequência das manifestações de junho de 2013, à pena de onze anos e três meses de reclusão e pagamento de R$ 1.687,00 –, este livro foi composto em Adobe Garamond, corpo 12/14, e impresso em papel Avena 80g/m^2 pela gráfica Sumago, para a Boitempo, com tiragem de 4 mil exemplares